気になる子の保育

「伝わる言葉」
「伝わらない言葉」

保育者が身につけたい配慮とコミュニケーション

著 守巧　　イラスト にしかわたく

中央法規

はじめに

　近年、発達障害児を含む気になる子が増えてきています。幼稚園、保育所、認定こども園の保育者（以下、保育者）は、気になる子を理解しようと日々試行錯誤しています。粘り強く、あきらめず、希望を持ってかかわっている保育者が多くみられます。ただ、子どもの姿が変わらないことから、心が折れそうになっている保育者がいるのも事実です。

　現実的には、後者の方が多いように思います。気になる子へのかかわりは、定型発達児へのかかわりと少し違っていて、コツが必要です。しかし、そのコツの内容や使うタイミングがわからないことから、どの子にも同じようにかかわってしまい、その結果、変化がみられないことがあります。そのため、どうしても焦りや不安が強くなってしまうことがあります。さらに、最近では気になる子だけではなく、その保護者に対して困っている保育者の声をよく耳にします。具体的には、「どのように保護者の行動を捉えてよいかわからない」「保護者の行動が理解できない」などです。

　保育者は、気になる子へのかかわりだけではなく、保護者へのかかわりも同時に検討しなければなりません。したがって、保育者は、気になる子を起点としたさまざまなことを同時に検討しなければならなくなっているのです。クラスには、気になる子だけでなく、クラスメイト、そしてその保護者もいます。保育者は、その全ての人たちへの対応が求められます。それだけではありません。近年では、小学校との連携やアレルギーの子どもへの対応、

カリキュラムの検討などなど、取り組むべきことがたくさんあります。
　私は常々、保育者は「がんばっているのに…」「活力はあるのに…」と歯がゆく思っていました。限られた時間でどうしたら気になる子を見立てて、適切な関係を築くことができるのか、どうしたら活力を建設的な方向に向けることができるのか、と考えをめぐらせていました。そのような思いから本書を作りました。
　本書は、これまでのうまくいかなかった対応を振り返ることができるようにしました。対応といっても状況によって異なるので、もっと具体的な「言葉かけ」をメインにしました。「言葉かけ」は実際に自分が気になる子に伝えていることですので、検証的に振り返ることができます。また、「伝わる言葉」を具体的に示してありますので、自分の言葉かけを振り返ると共に適切な言葉を身につけていただきたいと考えています。
　ただし、「こうすればうまくいく！」という、ある意味"ノウハウ"を示した内容にするつもりはありません。なぜなら、子どもは一人ひとり違っていて、見立てや実態に違いがあり、示したかかわりがすべての子どもに当てはまる訳ではないからです。そこで、可能な限り、多様な可能性を探りながら理論的背景を踏まえられる構成としました。「あれっ、私この言葉を使っている」と思ったところから読み進めていただければと思います。
　本書を活用して、みなさんの持ち前の「活力」を取り戻し、ぜひ、明日からの子どもとのかかわりにつなげていってください！

2018年9月　守　巧

contents

はじめに

第1章 保育者としての言葉の「重み」

01 今、保育現場では……………………………………………………… 10
  1. 気になる子って？ **2.** 気になる原因 **3.** 気になる保護者が増えている
02 保育者の言葉かけの重要性とポイント……………………………… 14
03 みんながわかる言葉かけのポイント………………………………… 16
  1. 話し方を見直す **2.** 言葉かけを意識する **3.** メリハリのある表情で
04 クラス全体が落ち着いていない！？………………………………… 19
05 気になる子の話に耳と心を傾ける…………………………………… 20

第2章 子どもや親に「伝わる言葉」「伝わらない言葉」

1．気になる子に対して
1−① 「何回言ったらいいの？」(言葉の感覚)……………………………… 22
1−② 「早く、早く！」(時間の感覚)………………………………………… 26
1−③ 「ちゃんと片づけて」(空間の感覚)…………………………………… 30
1−④ 「できていないのは、1人だけだよ」(身体の動き)………………… 34

1-⑤ 「もう年長なんだから」(発達の状況)……………………………… 38
1-⑥ 「危ないよ！」(危険な行動)……………………………………… 42
1-⑦ 「自分が言われたら嫌でしょ！」(相手の気持ち)……………… 46
1-⑧ 「好きなように描いてみましょう」(見通しをもつ)…………… 50
1-⑨ 「またケンカして！　ダメでしょ！」(衝動的な行動)………… 54
1-⑩ 「なぜルールを守らないの？」(ルールを守る)………………… 58
1-⑪ 「ちゃんと食べないと大きくならないよ」(食事の感覚)……… 62

2. クラスの子どもたちに対して

2-① 「(ヤマトくんのこと) 手伝ってくれて助かったよ」(子ども同士の関係)………… 66
2-② 「いいから、自分のことをしましょう」(クラスづくり)………………………… 70
2-③ 「一緒に遊びたくないって言わないの」(子ども同士の関係)…………………… 74
2-④ 「絵カードがないとわからないんだよ」(クラスへの影響)……………………… 78
2-⑤ 「そういうことを言ってはダメでしょ」(においの感覚)………………………… 82

3. 気になる子の親、家族に対して

3-① 「ヤマトくん、今日も叩いていましたよ」(問題行動の伝え方)………………… 86
3-② 「ご家庭でもちゃんと注意してください」(アドバイスのコツ)………………… 90
3-③ 「巡回相談員の先生が発達障害かもって…」(あいまいな情報)………………… 94
3-④ 「(アオバくんは)発達障害なんかじゃないですよ〜」(根拠なき励まし)……… 98
3-⑤ 「子どもの体調管理も親の仕事ですよ！」(保護者の理解)……………………… 102
3-⑥ 「(親なんだから)もっとがんばって」(保護者の理解)…………………………… 106
3-⑦ 「(母親に言ってもできないので)おばあちゃんだけが頼りです！」(家族環境の理解) 110
3-⑧ 「(ヤマトくんのお兄ちゃんの)話をもっと聞いてあげてください」(家族の理解)…… 114

コラム　大切な気持ちの切り替え……………………………………………………… 118

第3章 職員や専門職にプラスに「伝わる言葉」「伝わらない言葉」

1. 園内の職員に対して

- 1-① 「障害があるからしょうがない」(気になる子の理解)……………………… 120
- 1-② 「家庭のしつけの問題でしょ」(家庭の理解)……………………………… 122
- 1-③ 「気にしすぎですよ」(子ども主体)………………………………………… 124
- 1-④ 「1人で抱え込まないでって言ってるのに」(園内の協力体制)………… 126

2. 園外の専門職等に対して

- 2-① 「(アオバくんは)発達障害ですよね?」(障害の捉え方)………………… 128
- 2-② 「リンちゃんの親に説明をしてください」(専門職との連携)…………… 130
- 2-③ 「……(専門用語でわからない)」(専門職との連携)…………………… 132

コラム 保育者の共通認識のポイント …………………………………………… 134

著者紹介

登場人物

アドバイザー モリ先生

現場で気になる子の保育に長く携わり、その経験を活かした保育のポイントを解説する。コノミ先生にとっての先輩保育者で、現在は保育者養成や現任研修の講師をつとめる。

保育者 コノミ先生

いつも元気な若手保育者。モリ先生のアドバイスを受けながら、気になる子の保育、クラスづくりに取り組んでいる。子どもへの思いが熱くなり過ぎることもままある。

発達が気になる子 ヤマトくん

超マイペースなヤマトくん。根は素直なため、環境が整えばクラス活動へ積極的に参加することができる。

発達が気になる子 リンちゃん

おとなしく、控えめなリンちゃん。独特の感覚があり、集団行動が少し苦手だが、園生活は大好き。

発達が気になる子 アオバくん

こだわりが強く、思ったことはストレートに言うアオバくん。切り替えがはやいときと悩み込むときがある。

第1章

保育者としての言葉の「重み」

01 今、保育現場では

1. 気になる子って？

　保育者が保育をおこなっていてやりづらさや関わりにくさを感じる子ども、いわゆる気になる子が増えてきていると言われて久しくなります。この気になる子は、診断がついていないことが多く、かつ専門機関につながっていない子どもたちが大半を占めます。

　実は、気になる子を指し示す明確な定義はありません。そこで本書では、保育者にとって「細やかな配慮や支援、あるいは観察が必要な子ども（守，2017）」とします。

2. 気になる原因

　さて、この気になる子ですが、どのような理由から保育者が気になると感じるような行動をするのでしょうか。

①発達障害が背景にある

　気になる子の行動には、「多動で落ち着かない」「集団行動が苦手」「適切な人間関係がつくれない」などの行動特性があり、この行動は発達障害がある子どもの特性と酷似しています。主な発達障害は、自閉症スペクトラム、ADHD（注意欠陥・多動性障害）、LD（学習障害）です。乳幼児期の子どもの発達曲線を考慮すると、単一の障害というよりも複数の障害が重複していると考えたほうがいいでしょう。

　これらの行動特性の多くは、集団で生活していく中で周囲とのずれや課題が表面化していくので、同年代の子どもたちと集団で生活をしていくなかでこの行動が明らかとなっていきます。

②不適切な養育環境が背景にある

　近年の気になる子の急増は、この養育環境から生じる行動が大半を占めると言われています。

　大別すると今日の子どもには、以下3つの「少ない」が考えられます。

（ⅰ）愛情が少ない

　母親の愛情が日常的に不足しているため、子どもが落ち着かない状態になります。母親の就労により、子どもに費やす時間が少なかったり、また人的なネットワーク不足から身近に子育てに関する相談相手がいなかったりするなど、母親自身がもっている課題があります。子どもは、低年齢から愛

情に飢え、情緒が落ち着かない状態にあるため、気になる言動が増えていきます。

(ⅱ) 経験が少ない

　日常生活における経験不足です。保護者と子どもの行動範囲が狭く、発達年齢相応に必要とされる運動面や人間関係などでの経験が極点に少ないという状態です。

　たとえば、入園するまで集団活動などの機会がなく、入園後の遊びや活動すべてがはじめての経験となってしまいます。そのため、保育者が求めている「これぐらいは経験してきてもらいたい」ラインから大幅にずれ、周囲との差が生じてしまいます。

(ⅲ) 言葉かけが少ない

　赤ちゃんには、保護者からゆっくり丁寧に、そして表情豊かに語りかけます。風が吹いてきたら「風が気持ちいいね」、泣いていたら「お腹空いたかな?」など、接する大人が子どもの気持ちや状況を推察して言葉をかけていきます。

　しかし、これら一連のやり取りが少ないため、愛情の深まりが遅くなり、合わせて言葉の獲得に課題がうまれたりします。

③園環境が子どもの実態に合っていないことが背景にある

　気になる子に対して、保育者が過剰に反応している状態です。

過剰な反応をして子どもを捉える視点には、実は、その保育者の保育観や子ども観が強く影響を与えていることがあります。

たとえば、クラスを「まとめたい」という気持ちが強い保育者の場合は、集団適応が「できない子」あるいは「苦手な子」が気になる傾向があります。また、保育者自身が活発で周囲とのコミュニケーションが得意な場合は、一人遊びが多かったり、口数が少ない子どもが気になる傾向があります。

❸ 気になる保護者が増えている

筆者が気になる子を対象とする巡回相談をしている際、必ずといっていいほど気になる子の"保護者"についての話題が園から出ます。その多くは、「こちら（保育者）が伝えたいことがちゃんと伝わらない」です。気になる子の度重なるトラブルを理解してもらうことや家庭でやってもらいたいことがスムーズに伝わっていきません。最近では、園と保護者とのトラブルにまで発展するケースも珍しくありません。

先述したように、適切とは言えない状況で子育てをしている保護者が増えています。保護者自身が何らかの課題をもって社会生活を営んでいる可能性が高く、この意味で、保育現場では保護者と適切な関係を築くことが難しいケースもあります。

02 保育者の言葉かけの重要性とポイント

　保育者は、一日の保育において実にたくさんの言葉を子どもたちに発しています。園行事の運動会や発表会の前に声が枯れてしまった、という経験は筆者だけではないと思います。それぐらい、保育者は、保育中に子どもに向けて言葉をかけているのです。
　「マンツーマンでも指示が理解してもらえない。一斉活動ではもっと理解してもらえない」という経験はありませんか？　もしかしたら、保育者が使っている"言葉"が「いつも同じ」「気になる子にとってわかりづらい」あるいは「気になる子が集中できない環境」なのかもしれません。

　ここで本書をつらぬく、大切なポイントを挙げます。

①言葉は、相手に伝わらなければ意味がない
②伝わらないのは、「伝える側」の何かが間違っているため

　言葉は相手に伝わらなければ意味がありません。それは気になる子も同じです。保育者は、伝わらない原因を子どものせいにするのではなく、自分の言葉かけを見直すべきです。
　気になる子にはその特性から、言葉かけにちょっとした"コツ"が必要です。このコツは、気になる子だけではなく、他の子どもたちにとってもわかりやすい言葉かけとなります。

クラスには、多様な子どもたちが一緒に生活をしています。中には、日本語がスムーズに伝わらない多文化の子どもがいるかもしれません。したがって、誰にでもわかりやすい言葉かけをすれば、クラスみんなが理解しやすい環境につながります。

　「相手にこちらの話が伝わらない…」と悩むこともありますが、「なぜ伝わらないか?」を点検するなど、保育者側が自分の言葉かけの内容や状況を振りかえる作業が求められます。

みんながわかる言葉かけのポイント

03

1. 話し方を見直す

　気になる子の中に必要ではない聴覚的な刺激（大きな声や保育者以外の声など）に引っ張られてしまう子がいます。また、保育者の声に集中を向けるのが苦手な子どもが多いクラスでは、簡単にさわがしい状態になります。ありがちな場面としては、子どもを落ち着かせようとして「保育者が大きな声を出す→おしゃべりが止まらない→保育者はさらに大きな声を出す」という負のサイクルに陥ることがあります。

●声の大きさをコントロールする

　子どもが大きな声を出している場合は、保育者は意図的に小さな声を出します。大きさの高低を"わざと"やってみましょう。そのためには、感情的にならず、いったん間をおいて発することも必要です。

●スピードを意識する

　注意や集中が苦手な子どもの場合、保育者に「早く話されても」「遅く話されても」困ります。早口は聞き取れず、遅いと話をしている最中に別のことや物に意識が向いてしまうからです。気になる子の「注意が続く長さ」を確かめてもいいかもしれません。

2. 言葉かけを意識する

　一斉活動で子どもたちが集中できない時、最初に落ち着きがなくなるのは気になる子です。そして、その周辺の子どもたちが気になる子に誘発される形で少しずつ集中できなくなっていきます。

　保育者は、気になる子の集中している姿を目安として話をすすめるといいでしょう。たとえば、一斉活動中に気になる子の集中が途切れ始めていると感じたら、はやめに説明を切り上げたり、内容を要約して話をするなどです。

●短く、最後まではっきりと

　「子どもたちに考えてもらいたい！」という気持ちから、説明にさまざまな質問を入れながら話をする保育者がいます。その気持ちはわかりますが、話の内容をつかむことが苦手な子どもにとっては、質問が入ることでかえって混乱をまねくことになります。

　「〇〇をしましょう」と、語尾まではっきり伝えるとわかりやすいです。動作が伴う状況であれば、一緒に手を添えて動くといいでしょう。

●「しっかり」「ちゃんと」「丁寧に」はＮＧ

　これらは保育者が好む言葉ですが、気になる子にとっては、この抽象的な言葉が非常に苦手です。保育者による「しっかり立って」という言葉は、気になる子にとって「手や足がどのような形になっていたら"しっかり"なの？」とイメージがつかないことがあります。同じように指示代名詞（これ、

それ、あれ、どれ、ここ、そこ) も苦手です。

● **的を絞って説明をする**

　文章と同じで説明や話の「一文」が長い場合、話の核心がつかめず、最後の言葉のみを切り取って理解しようとします。

　たとえば、保育者が「これから園庭に出て、体操の時間になります。まずは、トイレにいっておきましょう。途中で"おしっこ"ってならないようにね。そして、ロッカーにある外用の帽子をかぶっていつものところで待っていてください。あっ、今日は寒いから上着がある人は着ていってもいいですからね」と説明したとします。気になる子は、保育者の話のポイントを見失い、本来の目的がわからないまま、周囲の子を見ながら行動することになってしまいます。この場合は、一文を短くして「①〜、②〜」と区切るとより丁寧な言葉かけになります。

❸ メリハリのある表情で

　人は、言葉と相手の表情から、情報を取り入れていきます。しかし、気になる子の中に相手の表情から感情を察することが苦手な子どももいます。保育者は、表情豊かに話かけないと伝わりません。特に、気になる子にとって保育者の口の形は、重要な手がかりになります。褒めたり、認めたりする場面では、大げさに口角を上げるよう心がけましょう。

04 クラス全体が落ち着いていない!?

　これまで、気になる子の背景や言葉かけの大切さとポイントを整理してきました。第2章からは、保育実践を例に挙げながら「伝わる言葉」「伝わらない言葉」を紹介します。
　その前に、これまで述べてきたように気になる子だけに焦点化した保育ではなく、クラス全体を視野に入れた保育が大切であることを押さえたいと思います。
　「うちのクラスには、アオバくん（気になる子）がいるので、その対応で手いっぱいになってしまいます。一斉活動なんかはクラス全体が落ち着かなくなってしまい…」という悩みを抱いている保育者は多くいます。
　しかし、筆者がよく観察をさせていただくと、一斉活動中に気になる子だけが離席や一斉活動と関係がないことをして落ち着かないわけではなく、クラス全体が落ち着いていないことがあります。「保育者の説明を聞かないでおしゃべりを続ける」「隣の友だちとちょっとしたことでたたき合いが始まる」「トイレに立つ子の真似をして離席する」という状況では、優先的に目を向けるべきはクラスです。この場合は、言葉かけの工夫や環境構成など、検討すべきことは他にあります。

05 気になる子の話に耳と心を傾ける

　気になる子の行動から、どうしても「ダメ！」「今日、（注意されるのは）3回目だよ」などの注意や叱責が多くなりがちです。当然、保育者は、気になる子やまわりの子が心身に危害を及ぼす危険な状況では毅然とした態度で叱責する場合もあるでしょう。

　一方で、その他の場面、たとえば楽しそうに遊んでいる場面で積極的に言葉をかけているでしょうか。もしかしたら、「名前を呼ぶとき＝注意をするとき」になっているかもしれません。気になる子なりに認められる場面や褒められる場面があるはずです。そのときは、まわりの子との比較で褒めるのではなく、これまでの気になる子自身の変化を引き合いに出して褒めると伝わっていきます。

　そのため保育者には、日常的に気になる子が発する言葉を丁寧に聞いたり、集中したり、表情豊かに遊んでいる姿を見たりする必要があります。気になる子の発言を保育者が遮りながら話をすれば、クラスの子も保育者の真似をして遮るはずです。保育者は、かかわり方の見本を示している点を意識して気になる子とやり取りをすることが求められます。

第2章

子どもや親に
「伝わる言葉」
「伝わらない言葉」

「何回言ったらいいの？」

> なぜ、こうなる？

- 「伝えるべき内容」を具体的に表現していますか？
- たびたび注意する気になる子に対して、感情的になっていませんか？

伝わる言葉

「長い針が"6"になったので、片づけましょう」

なぜ、こうなる？

- 気になる子には、片づける"根拠"が必要です。
- 具体的な言葉かけで、まわりの子どもにとってもわかりやすい表現です。

1. 気になる子に対して

伝わらない理由

● 逆説的な表現や皮肉が伝わらない
気になる子の多くは、逆説的な表現や皮肉をあらわす言葉を理解することが苦手です。たとえば、
　①「やっていいのかな？」
　②「先生、待っているんだけど」
といった言葉から、保育者の真意を捉えることができないのです。
この場合、
　①→（ダメなんだ…）
　②→（先生を待たせちゃった）
と捉えるのではなく、
　①→（いいんだよ）
　②→（待たせているよ）
と言葉通りに受け取り、言葉の「裏側」が捉えにくいと言えます。

● 感情的になっていませんか？
保育者がこの言葉を発しているときは、注意したい気持ちが強く、感情が表情に出ていることが予想されます。感情的な発言は、クラスの雰囲気にも影響を与えてしまう点にも注意しましょう。

伝わる理由

● "なぜ？"を解消する
気になる子は、"なぜ？"が解消されないと自分からなかなか動こうとはしません。保育者は、子どもに「やってもらいたいこと」「望ましい行動」をストレートに、シンプルに示すことが必要です。

● 「理由」と「行動」をセットに
事前に片づけの時間を伝えたうえで、「長い針が"6"になった」という根拠（理由）と、「元の位置に戻す」という行動を具体的に説明しましょう。

保育のポイント

「子どもの理解力」よりも「保育者の伝え方」

▶繰り返し注意をしても行動が変わらない場合は、子どもの言葉を理解する力の問題ではなく、保育者の伝え方の問題です。子どもが理解できる言葉や伝え方を検討することも、保育者の専門性の一つといえます。

▶クラスの子は、気になる子と保育者のやり取りを細かく見ています。クラスの子も気になる子に対してどのような言葉をかけていいのかわからないため、保育者をモデルや参考としています。保育者が「何回言ったらいいの」という言葉とセットで厳しい表情をしていると、クラスの子も「あの子には、この表情と言葉で伝えるといいんだ」と理解してしまいます。

次の活動へスムーズに移るために

▶気になる子に限らず、子どもは片づけが苦手です。集中して遊びこんだ子どもは、「まだ続けたい気持ちが強く、かえって切り替えが悪くなるのでは？」と思うかもしれませんが、実は逆なのです。じっくり遊びこんだ子どもは、その子なりにその遊びに区切りをつけます。そして、発展した遊びを想像したり、楽しく遊んだ時間を振り返ったりしながら片づけることができます。

「早く、早く！」

なぜ、こうなる？

- 前の子どもとの間をつめなければいけない理由を教えていますか？
- 「早く！」をいつも使っていませんか？

伝わる言葉

「リンちゃんの好きな公園で はやく遊ぶために、つめて歩いてね」

なぜ、こうなる？

- 本人の興味を把握したうえで、声をかけましょう。
- 「つめて歩く」ことの目的を具体的に説明します。

1. 気になる子に対して

伝わらない理由

- ●つめて歩く理由を伝える
「よそ見をしてはいけない」「(前の子どもとの) 間をあけてはいけない」理由を理解していない場合があります。転んでけがをする危険があることや歩く目的、目的地をみんなで目指すことを伝えておきましょう。
- ●衝動的に興味関心の向く方へ
気になる子の多くは、状況にかかわらず興味や関心があることを優先してしまいます。そのため、すぐに身体が反応してしまい、散歩の列から外れてしまうこともあるため注意しましょう。
- ●なぜ並んで歩くのか？
みんなで並んで歩く必要性を理解していない、友だちを意識することが苦手で一緒に歩くことがなかなかできないなど、本人の気持ちや環境要因にも配慮しましょう。

伝わる理由

- ●子どもの視野を把握する
列の真ん中や後ろで歩くと視界の大半は、目の前の友だちの後ろ姿（頭）です。そのため、興味や関心があるものが視界に入ると、気になる子は途端に反応をしてしまいます。
- ●何に興味があるかを知る
気になる子が先頭になることで、保育者は、気になる子が興味や関心を向けていることを把握できるというメリットもあります。興味や関心を把握できれば、散歩以外の場面でも活用することができます。
- ●手をつなぐメリット
手をつないでいれば、事前に声をかけ、情報を伝えておくことができます。たとえば、車に興味・関心がある子には「ここを曲がると○○くんが好きな車屋さんだよ」と一言かけておくことで、曲がった途端に走る車が見えても、衝動的にかけだすことがなくなるでしょう。

保育の
ポイント

「早く」を具体的に表現する

▶これまで説明をしたように、気になる子は抽象的な言葉を苦手とします。保育者は、「早く」をはじめとする抽象的な言葉を子どもに理解しやすいようにより具体的に表現できるよう、日ごろから練習をしておくといいでしょう。

散歩のルールを徹底する

▶周りの友だちを意識したり、気を配ったりすることが苦手な子どもにとって、列を作って同じ速度で歩くという行為は、とても難しいです。そこで、みんなで決めた散歩のルールを絵カードなどを使って示したり、書いておいたりして、事前に確認をしてからスタートするといいでしょう。

遊びを通して歩く練習を

▶電車ごっこやじゃんけん列車など、楽しいゲームを通してみんなで歩く練習をするのもいいでしょう。楽しく最後まで遊ぶことができたら、「楽しかったね」「こういうふうに歩けばいいんだね」と一緒に振り返るようにしましょう。

「ちゃんと片づけて」

なぜ、こうなる？

- 毎回、周囲の子どもが代わりに片づけていませんか？
- 片づけをしない子は、いつも決まっていませんか？

伝わる言葉

「朝の会の時間なので、ブロックは緑の箱に片づけましょう」

なぜ、こうなる？

- 「片づけ」のイメージがもてるように、具体的に指示を出します。
- 箱をわかりやすく色分けするなど、片づけ環境を整えましょう。

伝わらない理由

● 「片づけ」だけではわからない

保育者が「お片づけですよ」と声をかけただけでは、ヤマトくんは「何を、どこに片づけるのか」「どこまで片づけるのか」、そして「どのような状態になったら終わりなのか」がわかりません。保育者の片づけという言葉かけの際に、気になる子は戸惑いや不安を感じます。気になる子は、戸惑いや不安を感じると動けなくなってしまい、その結果、保育者から「片づけをやっていない」と見られてしまうのです。

● 事前に予告する

気持ちの切り替えが悪い子どもがいます。遊びに夢中になっている最中いきなり（保育者にとってはいきなりではないのですが…）「片づけ」と言われても、すぐに気持ちが切り替えられないのです。片づけの時間をあらかじめ知らせておき、子どもたちに心の準備をしてもらいましょう。

伝わる理由

● 個別に具体的に

気になる子に伝わるポイントは、「具体的に知らせる」ことです。片づけをしたくないというよりも、「どうしていいかわからない」場合があります。片づける物と場所を明確にして知らせるといいでしょう。

● 片づける環境をわかりやすく

おもちゃをしまう場所がわかりにくい環境では、気になる子以外の子どもたちも戸惑います。どの箱（棚）に、何を、どれくらいしまうのかがわかるように絵やイラスト、写真を使用して視覚的にわかりやすくしておくといいでしょう。「今日入園した子どもが自分でおもちゃを取り出し、自分で片づけられる」ような環境がベストです。

見通しをもてるように

▶気になる子の多くは、見通しをもって行動することが苦手です。他の子どもであれば、「時間的にお昼ごはんかな?」「あっ、先生が言っていたやつを作るんだ」と、次にやることを何となく予想できます。しかし、気になる子は周囲の状況から情報をつかんで、先を読むことができません。片づけの後におこなうことを伝えることで、安心した気持ちで取りかかることができます。

時には楽しさを加えて

▶「先生は、積み木を片づけるよ。みんなは、ブロックを片づけてね。よーい、どん!」というように、時にはゲーム形式にするのはどうでしょうか?「片づけは嫌な時間」と固定した雰囲気となっている場合、気になる子だけではなく他の子どもも後ろ向きな気持ちで片づけをすることになってしまいます。そして、その気持ち引きずったまま、次の活動に…。

▶ゲーム感覚を取り入れ、楽しい雰囲気で片づけをしてみましょう。もちろん、気になる子が片づけたときは、すかさず褒めることを忘れずに。

製作途中の作品を見える場所に片づける

▶自閉傾向がある子であれば、絵や製作に集中して取り組んでいることが多く見られます。作品が途中であれば、「最後までやりたい」という気持ちが強く、なかなか片づけに移れないことがあります。製作途中の作品をそのまま片づけることができる棚を設けることで、続きができることがわかり安心して片づけに移れることもあります。

伝わらない言葉

「できていないのは、1人だけだよ」

なぜ、こうなる？

- 身体の動きがぎこちなく、本人の思うように動かないことがあります。
- 保育者の動きを真似することが苦手な子もいます。

伝わる言葉

「少しずつ2人で練習しよう」

なぜ、こうなる？

- これまでの失敗経験から、本人の苦手意識が強くなっていませんか？
- 練習量を増やせば、できるとは限らない点に注意しましょう。

伝わらない理由

● **表面的なことではなく、できない理由を探る**

アオバくんは、自分の身体が今どうなっているのか、どれだけの力が入っているのか、どれだけのスピードで動いているのかを感覚的に理解することが苦手です。縄跳びは、手を動かしながらタイミングよくジャンプをしなければなりません。さらに、縄を見たり、縄のスピードを感じたりするなど、同時に多様な動きが求められます。アオバくんは、一つ一つの動きはできるかもしれませんが、それぞれの動きを同時に動かすことができないのです。

このような子どもは、「友だちによくぶつかる」「"そっと"ができない」「体操やダンスが苦手」など、保育中のさまざまな場面で困っていることが予想されます。

伝わる理由

● **成功体験を！**

友だちから「変な動き～」と笑われたり、保育者に「どうしてできないの？」と叱責されたりする経験が重なると、本人の苦手意識が強くなり、身体を動かすことをしなくなってしまいます。そして、「身体を動かさないので、どんどんできなくなる」といった悪循環に陥ってしまうのです。コノミ先生は、アオバくんの苦手な部分を把握する意味でも、個別に対応をする必要があります。

● **できたところは「すぐにほめる」**

部分的にもできたところがあれば、その場ですぐにほめましょう。最初から難しい課題にするのではなく、簡単な目標からスタートします。また、友だちと比べるのではなく、"昨日の""一昨日の"アオバくんと比べてできたところをほめましょう。

保育の
ポイント

アレンジする力も保育者の専門性の一つ

▶いつもやっている遊びを簡単バージョン（あるいは難しいバージョン）にアレンジできるのも保育者に求められる力です。縄跳びであれば、縄の素材を生かして一人飛びからはじめます。たとえば、①縄の左右を両足をそろえて跳ぶ「ジグザグ跳び」、②縄の両はじを友だちに持ってもらって下で小刻みに揺らして飛ぶ「川跳び」、③縄の両はじを友だちに持ってもらって、大きく揺らして飛ぶ「波跳び」といったように段階を経ていく遊び方です。

いつも同じ遊びをしているかも

▶身体を動かすことが苦手な子は、身体を動かさない遊びをやりたがります。よく「アオバくんは、いつも同じ遊びをしています。これもアオバくんのこだわりなのでしょうか？」という保育者の言葉を耳にすることがあります。しかし、その子どもの遊びは、こだわりではなく、苦手さから生じていて、身体を動かさない遊びを消去法で選んだ結果、「いつもと同じ遊び」になっています。つまり、"同じ遊びをやらざるをえない"状況かもしれません。いつも同じ遊びで、身体を動かしている部位が決まってくるため、身体の関節や筋肉の発達に偏りがでてきてしまいます。

保育者の普段の言葉づかいが大切

▶いつも保育者が「できる」「早い」といった言葉を使っていると、そのクラスの子どもは、「できない」「遅い」ことを意識するようになります。つまり、評価の基準を無意識に提示していることになるのです。この点を十分に意識するようにしましょう。

「もう年長なんだから」

なぜ、こうなる？

- コノミ先生の「年長」という言葉の意図を想像することができません。
- 「怒られた」ことだけが伝わってしまいます。

「手を１０回洗いましょう」

なぜ、こうなる？

- 簡潔に伝える"クセ"をつけておきましょう。
- 回数を視覚的に見せるなど、具体的に伝えましょう。

伝わらない理由

● 発達年齢を用いた表現を理解することは難しい

　気になる子の中に、比較的たくさん話をする子どもがいます。また、大人びた言葉を使う子どももいます。保育者は、このように「たくさん話をすること」「難しい言葉を使うこと」という姿からコミュニケーションにおいて問題がないと感じてしまうかもしれません。しかし、実際には相手の言葉を適切に理解できなかったり、相手の話に添う返答ができなかったりします。

　さて、アオバくんはコノミ先生の"年長"という言葉から何を伝えたいと思っているのかが、わかりづらかったといえます。同じ表現を何回伝えてもその子の行動が変わらない場合は、潔く表現の仕方を変えるようにしましょう。

伝わる理由

● 多様な言葉かけを身につける

　気になる子の多くは、混とんとしている状況で、園生活をしています。そのため、保育者から「直接的ではない表現」を言われると困惑をします。たとえば、この場合、際限なく手を洗っている場面ですので、アオバくんに「たしかに僕は年長だけど…。手を洗うなっていうことかな…」と受け取られても不思議ではありません。「直接的ではない表現」としては、他に常用句表現、比喩、暗示、反語、まわりくどい表現などが挙げられます。

　アオバくんを含め、言葉のやり取りにおいて苦手さを持っている子どもは多くいます。保育者は、一様の言葉かけにとらわれることなく、多様な言葉を身につけたいものです。

保育の ポイント

言葉から想像する力

▶気になる子の中に、自閉症が背景にあることで周囲とのコミュニケーションがうまくいかない子どもがいます。そのような子どもは、「直接的ではない表現」を苦手とする理由として、「想像する力」が不足していると言われています。

▶具体的には、①これまでの経験から言われた言葉をイメージして目の前の事象に当てはめること、②状況に応じて意味を使いわけて理解すること、③言葉の裏側にある意味を推測すること、が難しいのです。

▶そこで、数字がわかる子どもであれば、「回数」や「時間」を意識して言葉かけをしましょう。子ども、保育者の双方が過ごしやすくなります。筆者の経験上、「回数」はコツをつかむと乳児でも有効ですのでおすすめの言葉かけです。

「回数」や「時間」を具体的に伝えると理解しやすい

「そろそろ片づけを終わりにして」

⇒「あと3枚のお皿を片づけたらおしまいね」

「プールは後だよ」

⇒「プールは30分後から」

「お弁当はもう少し後だよ」

⇒「11時30分になったらお弁当の準備をします」

「(お弁当を)早く食べて」

⇒「12時40分までに食べましょう」

伝わらない言葉

「危ないよ！」

なぜ、こうなる？

- 危険だと感じる感覚にズレがあります。
- 「危ない！」という言葉だけでは、保育者の真意が伝わりません。

「降りましょう」

なぜ、こうなる？

- ヤマトくんにしてほしいことを冷静に伝えましょう。
- 理由を伝えるだけでなく、止めたい行動（望ましい行動）も伝えます。

1. 気になる子に対して

伝わらない理由

● 危ないとは思っていない
　自閉傾向がある子どもは、どのようなことが危険なのか、落ちたらどうなるのか、といった先を想像することが苦手です。そのため、コノミ先生の「危ないよ！」という言葉は、ヤマトくんにとっては理解できない言葉となります。

● 言葉の本当の意味がわからない
　まわりの子であれば「危ないよ！」と言われたら、その後に「（だから）降りなさい」という意味が隠れていると受け止めます。しかし、ヤマトくんのようなタイプにはそれが伝わりません。危ないという"状態"を伝えられているだけに留まってしまいます。

伝わる理由

● 端的に伝える
　危険であれば、なおさらその行動を素早く止めなければなりません。そのため、効果的な言葉が必要となります。コノミ先生は、ヤマトくんにしてほしい行動を結論からシンプルに伝えるといいでしょう。

● "失敗から学んでほしい"はNG
　一般的な保育では、小さなけがを経験しながら少しずつ危ないことを感知し、回避する力を身につけていくと考えられています。しかし、ヤマトくんのように注意や叱責の量に対し、一向に変化がみられない子どもの場合は当てはまらない場合があるので、注意しましょう。

保育のポイント

保育室内・外の危険を減らす

▶ヤマトくんが登りたくなる物が保育室内・外にあるのではないでしょうか？　どのようなところに登りたくなるのかを職員同士で確認し、安全に遊べる環境をつくりましょう。「危険な物は子どもの手の届かないところに片づけてしまう」「行ってもらいたくないところには鍵をかける」など、安全が確保される環境を整備しましょう。

▶自閉傾向がある子どもは、高いところにいる感覚を好むことが多くみられます。その場合は、何をして遊んでよいかわからなかったり、つまらなかったりすることが多いので、積極的に遊びに誘ってみましょう。

目で見てわかるようにする

▶登ってはいけないところ（ロッカーやピアノのふたの上など）には、登ってはいけないことが示された絵カードなどを貼っておきます。大きめに「×」と書かれたカードを事前に貼っておくのもよいでしょう。

保育者や友だちの注目を浴びたい

▶保育者や友だちの気持ちを引くために、わざと高いところに登って「焦る表情をみたい」「危ないという言葉をもらいたい」などの反応を楽しむ子どもがいます。保育者はできる限り表情を変えず、淡々と対応しましょう。

▶遊んでいるときに一緒に二人だけで遊んだり、隣で食事をするなど、ほめたり、認めたりする場を積極的に設けていきましょう。

「自分が言われたら嫌でしょ！」

なぜ、こうなる？

- 相手の気持ちを推し量ったり、理解したりすることが難しいです。
- 相手の立場に立って考えることが苦手です。

「その言葉は使いません」

なぜ、こうなる？

- ふさわしくない言葉を具体的に教えていきます。
- 本人は、悪気があって悪口を言うわけではないことに留意しましょう。

伝わらない理由

- ● 相手の気持ちがわからない

  友だちの気持ちを想像したり、自分に置き換えて考えたりすることが苦手なため、思いついたことをそのまま口に出してしまいます。そのため、コノミ先生がいくら「アオバくんが言われたら～」と言っても、アオバくんは「今、言われたのは自分ではない」ため、「言われたら」ということにイメージがもてません。

- ● 悪意はない

  言った本人は、悪意がないことがほとんどです。「見たまま」「感じたまま」をストレートに言ってしまうので、相手が怒ったり、言い返されたりすると戸惑ってしまうこともあります。

- ● 理解者となる

  相手の表情から気持ちを推測することが苦手な子は、相手に失礼な言葉を言ってしまうので、周囲からは「礼儀がない子」「無礼な子」というレッテルを貼られてしまいます。保育者は早めに特性を理解し、よき理解者になりましょう。

伝わる理由

- ● 言葉を共有していく

  友だちに対して「言っていい言葉」「言ってはいけない言葉」を明確に伝えます。筆者は以前、クラス全員で「言われてうれしい言葉」「言われて嫌な言葉」を出し合い、クラスに貼ったことがありました。すると、気になる子だけではなく、クラスのみんなが意識するようになりました。また、貼りだしたら終わりではなく、子どもたちから出てきた言葉を順に足していくことも効果的でした。

保育のポイント

わざと言うことも

▶友だちと適切な関係が作れない子どもが、わざと相手の嫌がることを言うことがあります。

▶「最初は」友だちに対して、何気ない言葉をかけたとします。すると、その言葉によって相手が怒りだします。気になる子は、「これを言えば相手が（怒るという）反応をしてくれる」と覚え、それ以降、わざと相手が嫌がる言葉を繰り返そうとします。気になる子にとっては、反応がほしいので相手が仮に怒っていてもいいのです。このような間違った学びをしないように、保育者は「言ってはいけない言葉」を具体的に伝えていきましょう。

強く叱ったりしない

▶幼児期に規範意識を養うことの大切さは、言うまでもありません。その意味で、「いけないこと」を言ったことに対して厳しく注意することも必要でしょう。しかし、これまで説明してきた通り、このような対応は効果的とは言えません。

▶気になる子は、①悪気がないのに怒られた、②怒られた理由がわからない、と２つの困りごとがあります。この状態が続くと、「何を言っても怒られるのではないか」と感じ、何事に対しても自信がもてなくなってしまいます。注意しましょう。

伝わらない言葉 「好きなように描いてみましょう」

> **なぜ、こうなる？**
> - 子どもはみんな、すぐに行事を思い出せると思っていませんか？
> - "自由""好きなように"という言葉をいつも使っていませんか？

伝わる言葉

「運動会でどんなことをしたか、一つ一つ挙げてみよう」

なぜ、こうなる?

- 自由に"思い出す"という行為が苦手な子もいます。
- 気になる子は、手がかりがあると見通しがもて、安心します。

1. 気になる子に対して

伝わらない理由

- **いろいろな苦手さがある**
  イメージをする力が弱いので、どうしてよいかわからない子がいます。この場合、運動会の状況や光景を思い出したり、想像したりすることが難しいのです。さらに、これらを形にしていく作業も加わりますが、形にすることも苦手です。
- **主体性を重視しすぎていませんか？**
  保育者は、子どもの自発性や主体性を重んじて子どもと関わっています。ただし、重視しすぎていつも"好きなように"と一様に声をかけていませんか？
- **「言葉」で表現できても「形」にできないことも**
  気になる子の描きだそうとしない姿から、"やる気がない"と感じるかもしれません。しかし、「かけっこをした」「組み立て体操をした」と、言葉にすることと実際に描くこととは別だと考えましょう。

伝わる理由

- **思い出すことをサポートする**
  気になる子が"思い出す作業"を一人ですることは、かなり難しいです。そこで保育者が一緒に思い出してみます。その際、文字が読める子であればホワイトボードなどに書いていくと手がかりとなるので、おすすめです。
- **一定の枠を設ける**
  気になる子は、見通しをもって活動に取り組むことが苦手です。したがって、保育者が枠やテーマを設けてあげることで安心して取り組むことができます。
- **手指の不器用さも苦手な要因の一つ**
  製作活動は、イメージを求められたり、手指の動きを求められたりするので、気になる子にとっては不安と緊張の連続の時間となります。保育者は、気になる子の状態を把握しながら、丁寧に言葉をかけていくことが必要です。

保育の
ポイント

さまざまな力が必要な製作活動

▶製作活動は、イメージを使ったり、手指を動かしたりなど、人間のもつさまざまな力を総動員して取り組む活動です。したがって、一つの力がうまく発揮できなければ、その後の作業に影響を与えます。自分の置かれている状況を理解している保育者は、気になる子にとって大切な存在と言えます。

集中できる時間を把握する

▶気になる子は集中する時間が短いです。そのため、まわりの子と同じ時間をとってしまうと、途中で集中が途切れ、必要ないものを描きはじめてしまったり、隣の友だちにちょっかいを出しはじめてしまったりします。

▶保育者は、気になる子が集中できる時間を把握し、きりが良いタイミングで終了にするか、休憩を入れるようにしましょう。

ねらいをどこに設けるか

▶気になる子が主体的で意欲的に取り組む活動内容を考えましょう。気になる子の製作活動のねらいをどこに設定していますか？　仮に「笑顔で製作活動を終えていない」「保育者の介入なしで終えたことがない」という状況であれば、難易度を下げるのも大切です。"誰にとってのねらい"なのかを再検討する必要があります。

伝わらない言葉

「またケンカして！　ダメでしょ！」

1・⑨ 衝動的な行動

> なぜ、こうなる？

- 直感的に手が出たり、行動したりする場合があります。
- 自分の感情を言葉で表現することが苦手です。

伝わる言葉

「使っていたブロックを返してほしかったんだよね」

なぜ、こうなる？

- 行動の背景にも考えをめぐらせましょう。
- 気持ちをわかってあげられる人の存在は大きいです。

1. 気になる子に対して

伝わらない理由

● いけないことはわかっている
　一時的な興奮が収まると、「またやってしまった」と後悔をする気になる子は多くいます。つまり、誰よりも叩いてはいけないことはわかっているのです。しかし、衝動的に手が出てしまい、その後に「しまった」と感じていることが珍しくありません。

● 理解してもらえない本人の気持ち
　周囲から「叩いたらいけないんだ」と指摘されると、本人としては余計に「どうして、自分の気持ちをわかってくれないの！？」と感じ、さらに乱暴になることがあります。

伝わる理由

● 気持ちを理解し、代弁する
　クールダウンさせた後、「僕が使っていたブロックを返してほしい、って伝えたかったんだよね」というように、子ども自身の気持ちを代弁するような声をかけ、気持ちを理解していることを示しましょう。人は誰でも、自分の気持ちをわかってくれる人がいない場所では落ち着かなくなるものです。

● 気持ちを表現する言葉を教えていく
　本当は「○○と言いたかったんだよね」と、本来その場で言うべき内容を伝えましょう。時間はかかりますが、言葉で伝えられるように教えていき、「このときには、こう言う」ことを覚えてもらうようにしましょう。

保育の
ポイント

クールダウンのポイント

①声のトーンを押さえて淡々と

▶興奮しているときに注意の声かけをすると、その子の声は大きくなってしまいます。すると、保育者も聞いてもらおうとその子の声よりもさらに大きな声になります。それを聞くとその子の声はさらに大きくなり、悪循環でお互いの声が大きくなります。

②周囲への声かけも忘れずに

▶叩かれた子やそれを見ていた子への対応も必要です。叩かれた子には「痛かったね」と気持ちを受け止め、周囲の子には心配しないように伝えます。

周囲の友だちと"物理的に"距離をおく

▶自分の手が届く範囲に友だちがいると、衝動的にその友だちを叩きたくなってしまう子どもがいます。そのような場合は、意図的に余裕をもった環境構成をしましょう。たとえば、集中する活動のときは、隣と正面に友だちを座らせず、間をあけるなどです。

我慢できたね！ を増やす

▶叩きそうになったときに、"その子なりに"我慢する姿があるはずです。そのときはすかさず、「我慢できたね（我慢しようとしたね）」と声をかけましょう。保育者が気に留めているというメッセージにもなりますし、何より自分の成長を感じられる機会になります。

「なぜルールを守らないの？」

伝わらない言葉

なぜ、こうなる？

- ルールを理解することが苦手な場合があります。
- 「ルールを守ると楽しい！」という経験が少ないのかもしれません。

> 伝わる言葉
>
> # 「はじめる前にルールを確認しましょう。タッチされたら鬼ですよ」

なぜ、こうなる？

- 再確認しておくことで、自分に都合がいいようにルールを変更することを避けましょう。
- 全員でルールの確認をすることは、他の子どもにとっても有効です。

伝わらない理由

● 特性にそった支援を
本人には悪気がなく、ルールを正しく理解していないことや遊びに集中するあまりうっかり忘れてしまうことがあります。強く注意をすることも大切ですが、まずはその子の特性を理解し、どこにひっかかっているのかを把握し、声かけや支援を工夫しましょう。

● 遊びは「楽しい！」が原則
これまでの園生活で、ルールがある遊びを最初から最後まで楽しく遊べた経験がないのかもしれません。そのような子どもは、遊びがはじまる前からルールがある遊びに苦手意識があります。たとえば、鬼ごっこであれば「タッチされたらどうしよう」「鬼になったらどうしていいかわからないから、絶対に鬼になりたくない」といった感じです。

伝わる理由

● 事前にルールを確認する
いつもやっている遊びでも、気になる子はその特性から時々の参加になることが多くあります。そのような場合は、ルールを忘れている状態からのスタートになります。気になる子の多くは、周囲に「ルール忘れちゃった」と自ら伝えることもできず、不安を抱えたままです。はじめる前に"みんなで"ルールを確認することで、理解した状態からスタートすることができます。

● みんなで理解する
一般的に4歳前後になると規範意識が強くなり、ルール違反をする子に過剰に接する子が出てきます。そうした子への事前対応として、ルールを忘れた子を責め立てないよう説明してからはじめてもいいでしょう。

保育のポイント

ルールを増やしていく

▶4歳後半以降であれば、事前のルール確認の際に「怒らない」「泣かない」「叩かない」などのルールも追加していいでしょう。

▶「せっかく楽しく遊んでいるのに、お友だちが怒りだしたら嫌な気持ちになるからね」と伝えておきましょう。そして、気になる子が最後までこれらのルールが守れたときは、ほめることを忘れずに。

難易度をあげていく

▶発達年齢や発達の状態にもよりますが、集団で遊ぶために誰でもわかるルールから遊びはじめ、少しずつ難易度を高めていくやり方がいいでしょう。たとえば、「保育者から逃げる」→「しっぽ取り」→「色鬼」→「鬼ごっこ」→「どろけい」といった感じです。

見てわかるルールをつくる

▶言葉でのルール説明だけではなく、視覚的に訴える工夫をしましょう。たとえば、文字がわかる子どもであれば、文字に書いて読みながら（ときには気になる子に読んでもらう）確認する、実際に見本を見せながら（ときには気になる子に見本になってもらう）確認する、何回か練習をしてからはじめるなど、具体的な方法で知らせると理解しやすくなります。

「ちゃんと食べないと大きくならないよ」

なぜ、こうなる?

- 完食することが最優先になっていませんか?
- 結局最後まで食べず、そのまま残していませんか?

「一口だけ食べてみようか」

なぜ、こうなる？

- 本人が不快に感じる食感があることを理解しましょう。
- スモールステップで取り組んでいきましょう。

伝わらない理由

- ● 口内過敏
  子どもは、大人と違って口の中の感覚が敏感です。気になる子は、もっと敏感です。気になる子の中に「しゃきしゃきしたサラダを食べると、口の中が痛くて仕方ない」「ごはんを食べると、砂を食べているみたい」という発言をする子もいます。保育者は、「口の中が過敏なのかも」と予測して確認することが大切です。

- ● こだわりがあるのかも
  気になる子の中には特定の食べ物の"色"や「これまで食べたことがない食べ物は食べない」など、独特のこだわりから好き嫌いが激しくなっているケースもあります。

- ● 言葉かけの工夫を!
  言葉による働きかけで改善がみられない場合は、他の伝え方や言葉を選びましょう。気になる子の行動は、「関わり方を変えてほしい」というサインです。

伝わる理由

- ● 一歩ずつ、少しずつスモールステップで
  口の中の過敏さは、人それぞれです。そのため、どれくらいであればがんばれるのかを確かめてみましょう。場合によっては、食べずに「においを嗅いでみよう」としてもいいでしょう。または、「（苦手な食べ物を）一口食べたら、好きな○○を食べてもいいよ」など、期待をもってもらうための言葉かけも有効です。

- ● 見た目重視
  気になる子も含め、子どもは食べ物の見た目を重視します。ごはんが苦手であれば、お茶碗に全部入れないで、一口サイズに分け、一口おにぎりにして小皿で出すといいかもしれません。それができたら、小皿を何回か出して「結果として全部食べ切れた」としてもいいでしょう。

保育のポイント

楽しい雰囲気が大切

▶無理に食べさせようとすると、食事そのものが嫌いになってしまいます。口の中の過敏さも考慮しながら、無理強いは避けましょう。気になる子の中に「家では食べられなかったけど、園で友だちが食べている様子を見ていたら何となく食べられた」という子がいます。また、餅つきや芋ほりなど、行事のときに外で食べたことをきっかけに、食べられる物が増えた、という子もいます。

▶まずは、楽しい雰囲気を重視し、「食べさせる」ことに集中しすぎないように心がけたいものです。

食欲が増す環境づくりを

▶「落ち着いて食事をする子と同じテーブルにした」「友だちが目の前に座ると意識するので、少し離れた場所にした」などの工夫で食べられるようになることがあります。

言葉を丁寧に聞いてみる

▶最近では、外食をする家庭が増え、濃い味に慣れすぎている子どもが増えてきました。気になる子は、好きなことや興味があることの知識とそれに伴う語彙は豊富なのですが、それ以外の語彙は乏しい面があります。園では健康面に配慮した味付けがされているので、煮物やみそ汁の味が薄いことがありますが、この「薄い」を「まずい」と表現している子がいます。子どもが使う言葉を確認することも大切です。

伝わらない言葉

「(ヤマトくんのこと)
手伝ってくれて助かったよ」

2-①子ども同士の関係

なぜ、こうなる?

- 手伝う目的が、先生にほめてもらうためになっていませんか?
- ヤマトくんに「できない子」というレッテルを貼っていませんか?

伝わる言葉

「ありがとう。でもね、ヤマトくんは自分でできると思うよ」

なぜ、こうなる？

- 手伝う子に感謝しつつ、ヤマトくんの「できる」部分も伝えましょう。
- 保育者の姿勢が、子どもたちにとっての見本となります。

伝わらない理由

◉ 世話をする行動の背景を探る

　保育者が何も言わなくても、率先して気になる子に「靴下をはかせる」「帽子を持ってきて、頭にかぶせてあげる」など、何かと世話をしてくれる子どもがいます。その場面だけをみると、「困っている友だちを手伝ってあげよう」という優しい気持ちが行動に出ているほほえましい光景です。しかし、ヤマトくんが「できる」ことまで手助けしてないでしょうか。また、保育者はその行為に対してほめすぎていないでしょうか。

　認められることが少ない子どもにとっては、気になる子の世話をすることで「持ってきてくれたのね、ありがとう」「○○ちゃんは、優しいね」と認められたい気持ちから生じる行動かもしれません。

伝わる理由

◉ 発達特性を把握する

　気になる子が「どうしてもできないこと」には、周囲から手を貸してもらう必要があります。しかし、保育者は「できないこと」を把握する前に、まずは気になる子の「できること」を把握する必要があります。保育者が気になる子の特性を把握し、丁寧に実態を理解することからはじめましょう。

◉ その子どもも気になる子では？

　過剰に世話をする子どもも、実は気になる子かもしれません。特に、活動中にもかかわらず世話をする子どもは、自分が何をしていいのかわからなかったり、やることがなかったりした場合に、世話をすることでやることができたり、時間をつぶせたりします。保育者は、そのような子どもにも丁寧にかかわっていく必要があるでしょう。

保育のポイント

良いところをアピールする
▶気になる子は、生活全般につまずきがあるため、周囲から「できない子」「遅い子」と思われているかもしれません。そして、気になる子の世話をすることで、「お兄さん」「お姉さん」になった気持ちを味わっている子どももいます。保育者は、気になる子の得意なことや好きなことをその子どもも含め、みんなの前で紹介したり、アピールしたりしましょう。少しずつ「こういう得意なことがあるんだ」と気になる子を見る目が変わっていくでしょう。

発達を妨げることも
▶自分でやれることを友だちにやってもらっていると伸び行く力が発揮できず、気になる子の発達を妨げることにつながってしまいます。「見守って」「（言葉で）応援して」という言葉を使って、場面によっては手を出さないようにしましょう。

「気になる子係」は固定しない
▶気になる子は、集団行動が苦手な面があります。そのため、複数の子どもを同時に援助しなければならない保育者にとって世話をしてくれる子どもの存在は大きいものです。早めに支度が終わったり、作品を完成したりする子どもに気になる子への手伝いをお願いすることもあるでしょう。

▶ただし、お願いをする子どもがいつも同じ子どもにならないよう注意しましょう。「気になる子係」のように固定すると、大人が考えている以上にその子どもの負担が大きくなり、ゆくゆくはストレスにつながるかもしれません。

伝わらない言葉

「いいから、自分のことをしましょう」

▎なぜ、こうなる？

- 「リンちゃんのことは気にしないでいい」というメッセージになっています。
- リンちゃんをクラスの一員として考えなくなります。

伝わる言葉

「みんなでできるように 練習しているところだよ」

なぜ、こうなる？

- 気になる子への行動に疑問を感じることは自然なことととらえ、「練習しているところ」などの前向きな表現を使いましょう。

2. クラスの子どもたちに対して

伝わらない理由

● **クラスの一員として**
リンちゃんをクラスの一員と受け止めているからこその発言です。この発言をあいまいにすると「周囲のことは気にしないでいい」「自分のことだけしていれば問題ない」と、子どもたちは受け止めてしまいます。つまり、社会性を養う重要な幼児期に、「自分のことだけやっていれば、先生からは怒られない」という偏った考えを植え付けてしまうことになります。保育者は、このことを十分に自覚しておきましょう。

● **全体を捉える余裕を**
このような場面は、運動会や発表会の練習時に生じることが多くあります。行事の前は、段取りや踊りの確認など、保育者と子どもたちが当日にむけて一生懸命に練習をしています。ただ、練習を先に進めようとするあまり、コノミ先生のようにまわりの子の疑問を受け流したり、「懸命さが足りない」とその子を責めたりすることがないようにしましょう。

伝わる理由

● **"その子"の質問は、"みんな"の質問かも**
子どもたちにとって、クラス全員で練習することは当然のことです。ましてや集団での演技や競技などは、子どもも集団を意識して取り組んでいます。そこで、集団から外れているリンちゃんの行動が気になることは、子どもたちにとって自然なことです。

保育者は、①質問をしてきた子どもの他にも疑問に思った子どもがたくさんいること、②質問をしてきた子どもは急に疑問に思ったわけではなく、これまで疑問がたまっていたこと、を理解しましょう。

保育のポイント

クラス全体で共有する

▶気になる子の多くは、集団での練習に参加することが苦手です。どうしても周囲からは「怠けている」と受け止められてしまいますが、「参加できるようにがんばっている」途中であることも伝え、本人なりのがんばりを子どもたちに伝えるといいでしょう。

▶保育者は、気になる子が練習に参加する時間の"長短"をクラスメイトに伝えてあげると子どもたちは理解しやすいでしょう。たとえば、時間がわかる子どもたちであれば、質問した子どもだけではなく、みんなの前で「この前は、リンちゃんが練習した時間は10分だったけど、今日は20分だったんだよ。少し長くなってきたね」と伝えるとわかりやすいです。

子どもたちの疑問を受け止める

▶それでも、必死にがんばっている子どもたちにとっては、練習中に好きなことをしている（ように見える）リンちゃんを簡単には理解できないかもしれません。ときには保育者の返答に対して「僕だってがんばっているもん。リンちゃんよりも」と言い返してくるかもしれません。

▶その場合は、気持ちやがんばっていることを認めたうえで、「そうだね、○○くんは練習がんばっているよね。でも先生は、リンちゃんもがんばっていると思うな」と"個人"の感想として伝えましょう。ここでのポイントは、保育者の「個人の感想」としての位置づけをして、それを子どもに押し付けたりしないようにすることです。

伝わらない言葉

「一緒に遊びたくないって言わないの」

なぜ、こうなる?

- Cくんの嫌な気持ちを受け止めてあげましょう。
- これまでの嫌な経験から生じている気持ちかもしれません。

伝わる言葉

「先生も一緒にみんなと遊ぶよ」

なぜ、こうなる？

- 具体的な動きを示し、対策を提案しましょう。
- 保育者が子ども同士の関係づくりのつなぎ役をしましょう。

伝わらない理由

● 嫌なことがあった

保育者から「遊びたくないって言われたらどう思う？」と質問すると、ほとんどの子どもは「嫌」と答えるでしょう。その後、「自分が嫌なことはお友だちには言わないんだよ」という"いつも同じパターン"のやり取りになっていませんか？　おそらく、次からは「言わない」けど「思う」ことには変わりないでしょう。

ここでのポイントは、これまでの嫌な経験が積み重なっていて、急に一緒に遊びたくないと思ったわけではない点です。これまで、何とか一緒に遊んできましたが、もう限界がきていると思われます。「一緒に遊びたいけど、叩かれるから嫌」などの理由があるかもしれません。

保育者は、これまでの子どもたち同士の「歴史」があることを忘れてはいけません。保育者は、そのような発言がでるまで、介入しなかった自分を反省したうえで、一緒に遊ぶことを提案しましょう。

伝わる理由

● 保育者が見本に！

気になる子へのかかわりは、大人にとっても難しいです。ましてや人間関係を学んでいる途中の子どもたちには、かなり難しいと言えます。この意味では子ども同士の関係づくりが「基礎編」だとしたら、気になる子との関係づくりは「応用編」と呼べるかもしれません。

そこで、保育者が一緒に遊ぶことで、かかわり方の見本を実際に見せるようにしましょう。

● 不安を解消しないと違う形で表れる

もし、不安な気持ちをそのままにしてしまったら、保育者が見ていないところで気になる子を仲間外れにしようとするでしょう。集団で仲間外れがはじまると、徐々に巧妙になっていくので要注意です。

保育の
ポイント

かかわりの見本となる子どもを育てる

▶保育者が一緒に遊び、かかわり方の見本を見せます。必ずそのかかわり方を見ている子どもがいます。急にみんながかかわり方のコツを覚えることはできませんが、ひとりまたひとりと増えていきます。保育者は焦らず、丁寧にかかわり方をアピールしてきましょう。

良い面をアピールする

▶実は、気になる子の中で多動傾向がある子どもは、「面白い！」「その発想があったか！」と感じるほど、ユニークで斬新な発想をすることが多いです。そのため、子どもたちは一緒に遊びたい気持ちはあるものの、「叩かれるかもしれない」という恐怖心から遊ぶことを避けている場合があります。保育者は一緒に遊ぶことを通して、暴力的行為に配慮しつつ、楽しい発想を友だちに積極的に発信していきましょう。

保育場面での子どもの視線

伝わらない言葉

「絵カードがないとわからないんだよ」

なぜ、こうなる？

- アオバくんだけ特別扱いという印象を与えていませんか？
- その場しのぎの対応では、子ども同士の関係にも影響を与えてしまいます。

伝わる言葉

「目で見ると
みんなわかりやすいんだよ」

なぜ、こうなる?

- 気になる子も含めたクラスの子どもたちのメリットを伝えましょう。
- 疑問が出たときが、"気になる子理解"を深めるチャンスです。

伝わらない理由

● 興味・関心があるからこその質問
　大人は、仮に疑問に思ったことがあってもその場の状況を見たり、感じたりしながら解消しようとします。しかし、子どもは疑問に感じたことはその場で解消しようとします。そのほとんどは、素直な気持ちからきていて、悪意は少しもありません。気になる子に興味や関心があるからこそ、友だちから質問が出たのです。つまり、気になる子について説明をすることで、気になる子を適切に理解してもらえるチャンスなのです。

● 一面的な説明にならないように
　保育者は、気になる子の特性について、障害名を出さずに伝えられるようにしましょう。あわせて、専門用語で伝えることも避けましょう。

伝わる理由

● 最初にクラス全員に説明する
　絵カードの使用に疑問を感じているクラスの子どもは、Bちゃんだけでしょうか？　おそらく、Bちゃんだけではないでしょう。さらに、アオバくんが絵カードを使いだしたころからずっと疑問に感じていたかもしれません。絵カードを使う最初のタイミングで、アオバくんは当然としてクラスの子どもたちにも同様に説明するといいでしょう。

● ポジティブな表現を
　「わからないから使う」と「わかりやすいから使う」とでは、ニュアンスが違います。「わからない」「できない」という表現から説明をはじめると「わからない子」「できない子」という印象を強めてしまいます。保育者として、ポジティブな言葉や表現を心がけましょう
　自分のクラスではポジティブな言葉で子どもたちが伝え合っているか、確認するのもいいでしょう。

保育のポイント

クラスに定着する雰囲気が大切

▶子どもたちそれぞれの「得意なこと」「苦手なこと」を共有しているクラスでは、このような答えはかなりスムーズに理解する子どもが多いです。

▶それは、「人には得意ことや苦手なことがあり、それぞれ違う」という基本を理解しているからです。そのようなクラスだと「折り紙は苦手だけど、ドッチボールは上手」と、「話だけだとわからないけど、絵カードがあるとわかりやすい」ことは同じレベルで理解する子どもが多くいます。この意味で、いつもどのようなクラス運営をしているかが問われるところです。

身近なもので例える

▶子どもに説明をするときは、子どもの生活している範囲で目にしているもので例えると理解しやすいです。たとえば、メガネをかけている人を引き合いに出してもいいですし（見やすい）、電車でのアナウンスの英語の部分を引き合いに出してもいい（わかりやすい）です。ポイントは、「これがあると助かる」点を伝えることです。

Bちゃんも絵カードがほしい？

▶Bちゃんも絵カードを使いたがっている子どもかもしれません。「私も絵カード使いたい」という気持ちからの質問の可能性があります。「Bちゃんも使いたいかな？」と聞いてあげてもいいでしょう。

伝わらない言葉

「そういうことを言ってはダメでしょ」

なぜ、こうなる？

- 頭ごなしに注意しても、まわりの子の疑問は残ったままです。
- 子どもの自然な感想と捉えることもできます。

伝わる言葉

「においの感覚は
みんなそれぞれ違うんじゃない？」

なぜ、こうなる？

- においの感じ方には個人差があることを伝えます。
- 「みんな違うこと」を受け止められるクラスを目指しましょう。

伝わらない理由

● 言葉に振り回されない

　保育者は、「子どもに使ってほしい言葉」があります。それとともに「使ってほしくない言葉」もあります。コノミ先生は友だちの「変なの！」という言葉に強く反応したのでしょう。多くの保育者は、「使ってほしくない言葉」の方にすぐ反応します。つまり、「使ってほしくない言葉」がすぐにわかるよう「アンテナ」が立っているといえます。

　ただ、実は子どもが使う言葉には、大人が思っているほどの深い意味はなく、感覚的に使っている場合が多いです。ましてや、悪気があって、相手を陥れたりするような気持ちはありません。言葉そのものに集中し過ぎて、子どもの本当の気持ちを見過さないよう注意しましょう。

伝わる理由

● 過敏さを理解する

　リンちゃんは嗅覚が過敏で、まわりの子が気にならないようなにおいを不快に感じるのでしょう。このような感覚の過敏さは、その子どもしかわからない不快さがあるため、周囲に理解されないことが多くあります。保育者は、リンちゃんの不快な気持ちを理解してあげましょう。

● 感覚の違いの説明は"みんなへ向けて"

　においの程度や音の大きさ、光の強弱などへの感覚は、人によって違いがあることを説明しましょう。保育者は、発言をした子どもだけに説明をするのではなく、クラスの子どもたちに対して説明するといいでしょう。そのときは「○○くんは、○○というにおいは嫌？」など子どもたちの感じ方を引き出しながら、説明をすすめると説得力が増します。

保育の
ポイント

丸ごとの「リンちゃん」

▶障害に対する捉え方は、子どもと大人とでは大きく異なります。この点を理解しておくとより深く子どもを理解することができます。

▶たとえば、大人は、障害名があると当該の障害を念頭に置いたかかわりをします。つまり、「リンちゃんは障害がある」と理解し、障害をベースとしたかかわりを検討します。一方、子どもたちは、「障害があるリンちゃん」と障害を含めて、その子どもの一部として認識し、丸ごとその子どもを受け止めていきます。そのため、大人が普段使わない、いわゆる禁句のような言葉であっても、子どもは素直に感じたことをダイレクトに言葉にするのです。

理解者を増やす

▶筆者の経験上、「変なの〜」と発言をする子どもに丁寧に説明をすると、リンちゃんにとって「クラス一番の理解者」となることが多いです。「不思議だ」と感じる子どもは、リンちゃんのことをわかろうとする気持ちがあり、興味がある証拠ではないでしょうか。クラス運営の観点からも、クラスメイトに良き理解者を増やすことはそれぞれの人間関係を深める機会にもなります。

クラスで共有する

▶クラスみんなで、「好きなにおい」「嫌いなにおい」を出し合ってみるのもいいでしょう。実にさまざまで、ときには意外なにおいが出てきて、まさに十人十色の状態になることでしょう。

> 伝わらない言葉

「ヤマトくん、今日も叩いていましたよ」

▶ なぜ、こうなる？

- 園で起きた出来事（結果）だけを伝えています。
- この言葉を発することによる"目的"を明確にしましょう。

伝わる言葉

「友だちを叩いたのですが、そのときのヤマトくんの気持ちは…」

なぜ、こうなる?

- 叩いてしまった背景から伝えて、ヤマトくんをサポートしていく姿勢が大切です。

伝わらない理由

● これまでどのように接してきたかを見直す

　保護者に伝える困りごとの上位に、"子ども同士のトラブル"が挙げられます。コノミ先生は、ヤマトくんの度重なるまわりの子への暴力的な行為に対して、焦りやいら立ちがあるのかもしれません。

　子どものトラブルを伝えるときにこそ、これまでコノミ先生がどのようにヤマトくんやその保護者に接してきたかという"かかわってきた歴史"の内容が問われます。つまり、普段から"叩いた"という結果だけを伝えていると、ヤマトくんや保護者を責めているように受け取られ、保護者の反感を買うなど、収集がつかないことになりかねません。

伝わる理由

● 話の主役は？

　前述の「伝わらない言葉」では、ヤマトくんが話の中心であるはずなのに、肝心のヤマトくんの気持ちが置き去りになっていることに気がついたでしょうか？　とくに気になる子どもは自分の気持ちを言葉で表現することが苦手なため、保育者はそれを代弁する必要があります。

　園で起きた出来事なので、その場あるいはその周辺にいた保育者は、子どもの気持ちを推測したり、確認したりして保護者に伝え、サポートしていく姿勢を示しましょう。

**保育の
ポイント**

保護者に伝えるときは、個別化が基本

▶保育者にとって個別化（各個人への配慮）は、子どもに対しては比較的スムーズにできます。しかし、保護者となるとどうしても個別化（各家庭への配慮）をすることが難しい面があるようです。それは、保護者支援に関する一般論が主となる保育者養成校における学びが影響しているように思います。あわせて、各家庭の状態を見極めて、対応を判断することを「失礼に感じる」という考えもあるようです。

▶子どもは、環境からの影響を強く受けます。子どもは自分から環境を変えることができず、与えられた環境で成長をしていくしかありません。この意味で子どもにとっての環境は大切ですし、検討を重ねなければなりません。したがって、子どもが育つ家庭環境の把握なしに、適切な支援を検討することには限界があります。

▶伝わらないときのコノミ先生は、ヤマトくんの保護者に「これまでと同様の言葉かけ」をしたのだと思います。しかし、子どもと一緒でその保護者に伝わる言葉というものがあります。家庭環境や理解できる言葉の使用など、保護者の特性や生活状況を踏まえたうえで言葉かけを工夫していきましょう。

「ご家庭でもちゃんと注意してください」

なぜ、こうなる？

- 母親は、リンちゃんにどう注意してよいかわかりません。
- かえって、保護者との協力関係が築きにくくなってしまいます。

伝わる言葉

「リンちゃんに○○と伝えるのは どうでしょうか?」

▎なぜ、こうなる?

- 保護者の気持ちに配慮した言葉かけが求められます。
- 「指導」よりも「提案」の方が、保護者もずっと受け入れることができます。

伝わらない理由

● 保護者に伝わる言葉を選びましょう

　リンちゃんに注意をしても改善が見られず、手ごたえを感じない状況から、コノミ先生は家庭でのしつけに疑問を抱いているのでしょう。「親はリンちゃんに甘い」「もう少ししっかりしつけをしてもらわないと、リンちゃんの園での行動は変わらない」と思っている気持ちからの表現といえます。しかし、保護者に「注意してください」と伝えるだけでは、何に注意していいかわからず、叱責されているように受け取られる可能性があります。

伝わる理由

● 保護者と協働するスタンス

　一般的に協働・協力関係をつくる相手には、こちらからの「指導」「お願い」よりも「提案」による投げかけの方が適切に伝わっていきます。この場合も同様で、家庭と園でのリンちゃんの行動を改善することが目的であれば、「提案」する言葉かけが効果的です。

　前述の「伝わらない言葉」は、母親が反省することが目的となっているように感じます。「なぜ伝えたいのか」「言うことで保護者との関係がどうなるか」まで思いを巡らせてから伝えるようにしましょう。

　繰り返しになりますが、適切な保護者との関係が下地となって言葉かけの内容は伝わっていきます。言葉は相手を励ます道具になりますが、使い方を間違えると一転して不安などのネガティブな感情を生み出す道具にもなることに留意しましょう。

保育のポイント

「〜してください」には要注意！

▶一見すると「〜してください」という言葉は、丁寧な表現に思われます。つまり、「丁寧にお願いをしている」表現と感じる傾向がある、ということです。しかし、実はこの表現は「命令言葉」です。同僚保育者から唐突に「欠席者を報告してください」「ホールを使うか教えてください」と言われると不快に感じ、どこか命令されているように感じるのではないでしょうか。

▶たしかに、「〜してください」は、こちらが伝えたいことが適切に伝わる言葉ですし、得たい情報を的確に得ることができます。ただし、この場合、伝えるべき相手は保護者です。保護者とのコミュニケーションは、信頼関係がベースとなっています。このことを踏まえると、いくら子どものためだとしても「〜してください」という表現は、場合によっては命令されているように受け取られ、反感を買うことになりかねません。保護者も子どもの理解者と捉えるのであれば、協働関係が不可欠です。「〜するのはどうでしょうか？」など、保護者による選択の余地を残す「提案」型の言葉を心がけましょう。

「巡回相談員の先生が発達障害かもって…」

なぜ、こうなる？

- 巡回相談員の見立てをそのまま伝えてしまっています。
- この言葉を伝える目的があいまいです。

伝わる言葉

「巡回相談員の先生のアドバイスもあり、アオバくんは相手に気持ちを伝えることが苦手なようです」

なぜ、こうなる?

- 巡回相談員のアドバイスを踏まえ、保育者は自分の言葉で伝えるようにしましょう。
- 現在の課題だけでなく、"その後"のことも相談していきましょう。

3. 気になる子の親、家族に対して

伝わらない理由

● **相談内容を保護者に伝える際は、細心の注意を**

巡回相談員は、障害の専門家です。その意味で、専門家の意見は信ぴょう性が高く、頼りになります。日々、気になる子に対して対応に困っていればなおさら専門家の一言一言が重要な意味を持ちます。コノミ先生にとって巡回相談員の影響力は大きく、一日も早く保護者に伝えたいと焦る気持ちもわかります。

しかし、コノミ先生のこの言葉には、以下の２つの問題があります。

　① （保護者に）伝える内容を巡回相談員と確認していないこと
　② 伝えた"その後"を考えていないこと

コノミ先生がこの言葉を巡回相談員に確認した場合、控えるように言われるでしょう。なぜなら、保育者を通して話す内容ではないからです。

伝わる理由

● **保育者は、子ども理解の専門家**

保育者は、子どもを一番近くで、かつ長時間みている専門的な知識とスキルを有した専門家です。子どもの「よいところ」「得意な遊び」「好きな友だちのタイプ」などの根拠をもとに導き出した情報を持っています。自信を持ちましょう。

● **保護者のフォローを忘れないこと**

前述の「伝わらない言葉」をかけたコノミ先生は、言葉にすることができたのですっきりするかもしれませんが、保護者側の方はどうでしょうか？ この場合、保護者にはショックや怒りだけが残ります。「気になる行動」「発達の遅れ」に関する話題では、"その後"を想定しながら慎重に言葉を選びながらすすめていくことが保育者には求められます。

保育のポイント

いちいち保育の文脈に落とし込む

▶繰り返しになりますが、巡回相談員からのアドバイスを受けた時、これまでの保育実践や保護者との関係を省き、巡回相談員の意見に頼りすぎないよう心がけましょう。これまで述べてきたように、園での子どもの一番の情報を持っているのは他でもない保育者です。

▶一方、保育者側だけではなく、巡回相談員側の理由もあります。地域によっては、年間を通して複数の巡回相談員が来園するケースがあります。その場合、それぞれの巡回相談員から（短期間で）異なる意見を受けることがあります。その背景には、巡回相談員はそれぞれ専門とする理論的背景が異なっているため、自分の専門領域から捉えた指導法を助言します。したがって、お互いに専門領域を確認し、認めた上でのやり取りが前提になります。この意味でも、保育者は子ども理解の専門家を自負するといいでしょう。

▶あわせて、巡回相談員の助言をそのまま受け入れるのではなく、「実際に実践してみるとこういうことかな？」「友だちとの関係を考えると、少しアレンジが必要だな」など、いちいち保育の文脈に落とし込んでもらいたいと思います。あくまでも保育の実践者は保育者であり、巡回相談員の助言や意見を「活用する」というスタンスでいいでしょう。

「(アオバくんは)発達障害なんかじゃないですよ〜」

なぜ、こうなる？

- その場しのぎの発言は避けましょう。
- 診断にかかわる言葉は慎重に選ぶ必要があります。

伝わる言葉

「私たちは〜というように
配慮していますよ」

なぜ、こうなる？

- 障害名よりも、まず配慮していることを中心に伝えましょう。
- 保護者と信頼関係や協力関係を築いていくことを意識しましょう。

伝わらない理由

● 言葉の重みを自覚する

コノミ先生のように、子どもや保護者の気持ちを思うあまり、明言をさけて気休めともとれる言葉かけをする保育者は少なくありません。保護者が悩んでいる姿を見て、つい安心してもらいたくなり、このような言葉かけをしてしまったのでしょう。もともと、優しい性格の保育者にこのような発言が多いです。

しかし、保護者にとって保育者から出てくる言葉は、強い影響力をもっています。母親の気持ちを思うあまりの言葉だとしても、具体的な障害名が出ているだけで母親に与えるインパクトは想像以上に大きいことを自覚しましょう。

伝わる理由

● 園全体でサポートしていく

保育者がアオバくんにかかわる時間は、限られています。担任保育者であれば短くて1年間です。一方、保護者はアオバくんに一生涯かかわります。安易な気休めを後々引きずっていくのは、他でもない保護者です。成長するにしたがってさらに気になる行動が増えていっても、保護者はコノミ先生の「発達障害ではない」という言葉を拠り所とするでしょう。

保護者からアオバくんの気になる行動について相談があったら、まずは話の焦点を「発達障害か否か」にあてるのではなく、園で実践している具体的な配慮や工夫を伝えましょう。その際、手ごたえがあったかかわりを優先的に伝えます。そうすることで、保護者はその配慮を家庭で実践するとともに「うちの子はこのような配慮が必要な子なのか」と子どもの状態を受け入れる下地をつくりはじめるでしょう。

保育のポイント

安易な励ましは避ける

▶発達障害がある人で社会的に成功をしている人はたくさんいます。アインシュタインやエジソンに発達障害があったことは有名な話です。この意味で、発達障害がある子どもの保護者に対して、有名人を引き合いに出して励まそうとする保育者がいます。しかし、「発達障害がある一部の有名人」の話を伝えて励ますことが、かえって保護者を傷つけることになります。もちろん、発達障害がある子どもは多様な能力を秘めていて、天才と呼ばれる存在になる可能性もありますが、インターネットや書籍などで活躍している有名人と同じ状態になることは簡単なことではありません。

▶まずは、その子が日常生活で困らないように支援することを優先しましょう。身辺のことがある程度自分でできるのであれば、社会に出ても自分でやりたい仕事を見つけ、自分の時間を有意義に過ごすことができます。保育者は、その子がうまく生きていけることを念頭に置きましょう。

「子どもの体調管理も親の仕事ですよ！」

なぜ、こうなる？

- コノミ先生の気持ちや方法が"入りすぎ"ています。
- 保護者の今の状況にあった言葉かけではありません。

伝わる言葉

「園ではどのようなことに気をつけるのがいいでしょうか?」

なぜ、こうなる?

- 保護者と協力して、生活改善に取り組むことを伝えています。
- 生活にかかわることは保護者の状況を捉えて言葉かけをしましょう。

3. 気になる子の親、家族に対して

伝わらない理由

● 保護者の生活も含めて考える

　コノミ先生は、子どもが体調をくずす頻度が多いことから、心配する気持ちが強くなり、家庭での生活（食事面や生活リズムなど）に何か問題があると考え、改善すべきポイントが多いように感じているのでしょう。具合が悪い子どもをかわいそうに思うあまり、感情が"多め"にのった言葉を保護者にかけてしまいました。

　おそらくコノミ先生は、バランスがとれた食事や睡眠時間をはじめとする日々の生活管理について、何かと保護者に指摘したくなるポイントがあり、それが蓄積した形となったため、このような言葉かけにつながったのだと思います。

伝わる理由

● 園と家庭で一緒に考えていく

　まずは、保護者に求めている生活を具体的に、そして"主観"を入れないで伝えることが大切です。保護者は頭ごなしに生活を改善するよう指摘されても、実際にどうしていいのかわかりません。

　生活というのは、日々の蓄積のうえに成り立っているものですので、急に変えようと思ってもなかなか変えることは難しいです。そこで、保護者の生活や心情に寄り添う姿勢を示したうえで、少しずつ改善できるポイントをみつけ、「これはできそう？」など一緒に考えるようにするといいでしょう。「できそうもない」レベルのことを伝えても負担になるだけですので注意が必要です。

保育のポイント

保護者にとって「できるところ」からの支援

▶コノミ先生のように子どもを心配するあまり、「保護者の責務」を怠っていると感じて強く主張することがあるかもしれません。「そんなに難しいことかしら。もっとお母さんが○○してくれたら、子どもが○○になるのに…」と歯がゆく思うことが多いかもしれません。しかし、その保護者は、保育者が望むことを"できる"状態でしょうか？保護者としては、できていないことを指摘されると苦しくなるだけですし、保護者も子どもも焦りや苛立ちを抱き、良くない方向に進むことがあります。

コノミ先生のように「生活を改善してもらいたい」という思いを伝えても"具体的なやり方"がわからなければ、保護者を苦しめるだけです。伝えることで保育者はスッキリするかもしれませんが、根本的な解決に至っていないことが多くあります。

▶近年、「生活を処理していく力」が弱い保護者が増えています。そのため、保育者は、「保護者ができること、可能なところ」からの支援を優先するようにしましょう。「生活を処理していく力」を保育者集団で丁寧に支えていくといいでしょう。

「(親なんだから)
もっとがんばって」

なぜ、こうなる?

- 保育者の"子どものため"という思いが強すぎると、保護者を追い込んでしまいます。
- 「がんばって」は禁句です。

伝わる言葉

「(お母さんの最近の状況は) いかがですか?」

> なぜ、こうなる?

- 保護者の「かんばれない」ところをサポートしましょう。
- 園全体でサポート体制を築きましょう。

3. 気になる子の親、家族に対して

伝わらない理由

● 保育者の感情が入りすぎてしまう

「子どものことを話しているのに真剣さが伝わってこない」「家庭での工夫や取り組みを話し合っても実践してくれない」など、コノミ先生の目には、保護者の子どもへの関心が薄いと映ってしまっているのかもしれません。子どもに「気になるところ」があって、環境やかかわりの工夫が必要であるにもかかわらず、やるべきことや配慮ができておらず、気持ちがしっかり子どもに向かっていない保護者の様子がコノミ先生にとっては歯がゆく映っているのでしょう。

変化が見られない保護者への焦りの気持ち、あるいは怒りにも似た気持ちになっているのかもしれません。いずれにせよ、コノミ先生は、保護者に対して感情的になっていることがわかります。

伝わる理由

● 保護者が抱えている悩みをサポート

このような状態にある保護者が抱えている理由に、以下のようなことが多くあります。

① 生活において子どもに目が向かないことがある

② 保護者自身に特性があり、子どもよりも自分を優先する傾向がある

①に多いのは、夫婦関係や経済的理由から"子どもよりもこれからの生活のこと"で頭の中がいっぱいになっている状態です。この場合、まずは保護者を支えるために話を積極的に聞き、保護者自身で生活のことを整理して考えてもらうことです。

②は、保護者の特性を探るために、考え方の傾向やくせを他の先生にもお願いしながら情報を集めていきましょう。「がんばりましょう」などの励ましは、本人を追い込むだけですので、注意しましょう。

保育のポイント

子育て事情を踏まえる

▶今日の日本では、少子化や都市化といった社会環境や生活環境の変化が保護者や子どもを取り巻く状況に大きな変化を与えています。「子ども会」など地域の子どもや大人を対象とした集まりが減少したことで、つながりが希薄になりました。そのため、保護者だけが子育てを担うようになっています。子育てを地域社会でおこなう文化が根付かなくなり、保護者が孤立している状況です。あわせて、共働き夫婦が増えてきている中で「自己実現」と「子育て」との狭間で苦悩している保護者も少なくありません。

▶保育者は、保護者がこのような状況下で子育てをしていることを受け止めたうえで、保護者を支援する役割を担っていることを押さえましょう。

さまざまな負担感を抱えている保護者

▶子育てをしている母親は「自分の時間がない」「十分な睡眠時間がとれない」「仕事とのバランスが難しい」などの負担感を持っています。また、「いつも心身ともに休まらない」という疲労感も持っています。背景はさまざまありますが、負担感や疲労感を持っている保護者は少なくないことを理解しておきましょう。

伝わらない言葉

「（母親に言ってもできないので）
おばあちゃんだけが頼りです！」

3-⑦ 家族環境の理解

なぜ、こうなる？

- 保育者が率先して祖母に育児を頼むことは、支援とは言えません。
- 祖母への育児負担が重くなってしまいます。

> 伝わる言葉
>
> 「(祖母に) 無理なさらずに。それと
> お母さんのこともうかがいたいのですが」

なぜ、こうなる？

- 祖母への労いとともに、母親のことも話題にします。
- 育児にかかわれない母親へのサポートも心がけましょう。

伝わらない理由

● 「おばあちゃん依存」になる前に

この状態にある家庭は、以下のケースなどが考えられます。

① 保護者が何らかの課題を抱えている
② 家庭の中で母親の居場所が奪われている

①は、母親に精神疾患（うつ病、統合失調症など）があり、子どもの送迎や適切な育児ができない状況にあります。

②は、祖母との関係がうまくいかず、祖母が育児などを過剰に手伝っているケースです。

今日、①のケースが増えていますが、送迎や情報共有の窓口を祖母が一手に引き受けざるをえない状況にあります。気をつけたいのは、保育者も現状を受け入れすぎて依存してしまい、祖母を"頼みの綱"と位置付けてしまうことです。

伝わる理由

● ヤマトくんの生活を支えることを最優先に

コノミ先生がこのような言葉を祖母にかけるのは、これまで母親ではなく祖母とのやり取りの方が多く、コノミ先生から母親へのアプローチがあったとしても思うように情報共有ができなかったからだと思われます。そこで、やり取りの主体は母親ではなく、祖母に移った経緯が予想できます。

結果的にコノミ先生の本意ではなく、苦肉の策だったかもしれません。ただし、祖母を中心にしてしまうと、ますます母親の出る幕が減ります。そして、仮に祖母が体調を崩した場合、この家庭は途端に機能しなくなります。そうなると、一番困るのは他でもないヤマトくんです。保育者としてはそこまで考えを巡らすべきです。

**保育の
ポイント**

祖父母との関係がうまくいかない
▶親と祖父母とで、子育てのやり方や考え方に違いがある場合があります。その多くは、祖父母と同居している、あるいは近所に住んでいるなどの場合で、日常的に子育てに参加するケースです。親は、「いつも祖父母にみてもらっているから…」という理由からやめてもらいたいことやお願いごとなどを言い出しにくいと考えられます。

子育てをしていく親の"自信"をサポートする
▶祖父母も子どもの成長を支えたり、見守ったりする重要な人的環境です。しかし、繰り返しになりますが、園とのやり取りの主体者はあくまでも親です。その姿勢は、きちんと祖父母や親に示しましょう。
▶子どもに対して責任をもつ立場は、親です。長く子どもを支えていくのは親であり、自信をもって子どもとかかわっていけるように親をサポートしていくことも保育者の役割と言えます。

伝わらない言葉
「(ヤマトくんのお兄ちゃんの)話をもっと聞いてあげてください」

なぜ、こうなる？

- 「先生はわかってくれない…」という気持ちを抱かせます。
- 保護者の焦りを強めることになります。

伝わる言葉

「お兄ちゃんが製作のことで悩んでいて
ご家庭でも話を聞いてあげてください」

なぜ、こうなる?

- 保護者の気持ちを"整理"するような言葉かけが必要です。

伝わらない理由

● 気になる子"だけ"に目を向けていませんか？

気になる子がいると、どうしてもその子どもに手がかかってしまいます。他の兄弟は、我慢することが多くなってしまい、いろいろな意味で保護者からの関心が薄くなってしまいます。

また、我慢を強いられることで、兄弟の方が孤立感を強め、保護者の愛情に欲求不満をもち、気持ちのバランスを崩してしまうこともあります。この状態がすすむと、兄弟間の関係もうまくいかなくなります。このような状態を心配する気持ちから出たコノミ先生の言葉ですが、この言葉は保護者の気持ちや置かれている状況を深く考えて発したのでしょうか？　心配することは大切ですが、強すぎると視野が狭くなり、保護者の気持ちを見失ってしまうことがあるのではないでしょうか。

伝わる理由

● 家庭全体をサポートしていく

ここでのポイントは、2つあります。

① 保護者の状態や気持ちを推測すること
② ①を踏まえたうえで、気になる子や障害がある子を「特別扱い」しないこと

たしかに、障害がある子の生活には大人からの「手」や「時間」がかかります。そのため保護者は、「障害」「特別」という"（兄弟が）ぐうの音も出ない"キーワードを出して理解させようとすることがあります。そのような場合、保育者は保護者の気持ちを整理しつつ、「生活をしていると大変なことが多いけれど、どの子も大切な家族の一員で大事な存在」というメッセージを保護者から兄弟に伝えてもらうようにしましょう。

保育の
ポイント

兄弟が抱える問題

▶先に述べたように、障害がある子がいる家族には、それぞれ抱えている課題があります。ここでは、兄弟の問題をさらに深めていきます。

▶言うまでもなく、兄弟は障害がある子からさまざまな影響を受けながら成長します。生活上の制約や負担、兄弟の障害を理解する過程で生じる混乱もあります。もちろん、障害を理解する際の混乱は、マイナス面ばかりではなく、兄弟にとって精神的成長のきっかけにもなります。しかし、現実的には、兄弟に障害があることで生じる困難さを、発達途上にいる状態で受け入れていくことは、我々が思っている以上に難しいことでもあります。

保育者による間接的なサポート

▶保護者は、日常的に障害がある子に手を取られ、対処しなければならないことがたくさんあります。そのような生活の中で、保護者に「もっと兄弟のことを！」と言っても解決にはなりません。

▶そこで、保育者の出番です。兄弟の精神的発達に十分に配慮した日常的なかかわりの工夫を、保護者に提案していきましょう。このような間接的な支援も保護者にとって大変心強いサポートとなるに違いありません。

COLUMN

大切な気持ちの切り替え

　気になる子への言葉かけは、配慮が必要となります。気になる子がいるクラスには、それ以外の配慮も求められます。そのため、保育者は心身ともに疲れることがあります。そこで大切になってくることは、週末などに「いかに心身をリフレッシュするか」です。
　気になる子やクラスの子どもたちと一定の水準で向き合うために、以下のことを心がけましょう。

①生活リズムを乱さないこと

　気になる子と同様、保育者も生活リズムを整えましょう。気になる子の中には、一定を強く好む子どもがいます。保育者の睡眠不足などから生じる体調不良から、保育者の言葉かけに違いが生じないようにしましょう。

②「これ！」という趣味をもつこと

　保育者は、子どもへの悩みや想いがつきないと思います。そのため、「気がつくと子どもたちのことを考えていた」という経験があるのではないでしょうか。仕事とは別の趣味をみつけ、取り組んでみましょう。そして、また新しい気持ちで子どもと向きあってください。

第3章

職員や専門職に
プラスに
「伝わる言葉」
「伝わらない言葉」

「障害があるからしょうがない」

なぜ、こうなる？

- 「気になる子理解」が深まりません。
- 保育者が自分をどう見ているかを子どもはキャッチします。

プラスに 伝わらない理由

● 気になる子との関係が築けなくなる

保育者が過剰に子どもの障害を理由にしていると、トラブルなどから友だちとの関係が悪くなります。そしてそれ以上に、「障害だから」というあきらめにも似た感情を気になる子がキャッチすることで、保育者との関係が悪くなっていくことが予想されます。

保育者はその子の障害をなくすことはできませんが、より良い環境を整えることはできます。

> プラスに伝わる言葉

「みんなが楽しいクラスにするためにはどうしたらいいと思う?」

なぜ、こうなる?

- クラスや園の問題として受け止めましょう。
- 一人で抱え込まない保育を目指しましょう。

プラスに 伝わる理由

● 気になる子も含めたクラス・園づくり

　保育者は、改善がみられない姿から一人で対応に困ってしまうことがあるのも事実です。そこで、積極的にクラスのみんなと「どうしたらトラブルが減るのか?」や「楽しく遊ぶにはどうしたらわかりやすいのか?」などを話し合うのはどうでしょう。また、同僚とも活発に意見を交換したり、情報をもらったりすると気になる子への理解が深まります。障害そのものを理解するというより、クラスや園全体のこととして受け止め、さまざまなやり方をみんなで検討するといいでしょう。

プラスに伝わらない言葉

「家庭のしつけの問題でしょ」

なぜ、こうなる？

- 気になる子はいつも同じことで困っていませんか？
- 家庭のしつけの問題で終わらせず、背景にある理由を探りましょう。

プラスに　伝わらない理由

●身につかない理由は？

　気になる子の多くは、まわりの子のように生活を通して自然と身についていくことが、身につきにくい面をもっています。しかし、毎日しているのに身につかないのは、何らかの理由がありそうです。たとえば、進級や入園の時期である4月から日が経つにつれて朝の支度が身についていくにもかかわらず、いつも困っている様子であれば、気持ちや環境面など、どこかに定着できない理由が潜んでいるかもしれません。「身につかない」背景を探っていく必要があるでしょう。

「保護者がヒントを もっているかも!」

> なぜ、こうなる?

- 家庭と連携して保護者からヒントを得ることもいいでしょう。

> プラスに 伝わる理由

◉ 保護者とのやり取りを

先述したように、朝の支度が身につかない理由を探るとともに、保護者とのコミュニケーションや気になる子の姿から、家庭での様子を推測しましょう。そのうえで、保護者と一緒に身につける「コツ」を探っていくといいでしょう。もしかしたら、保護者が行っている配慮や工夫を園でも活用できるかもしれません。

「気にしすぎですよ」

なぜ、こうなる？

- 保育者はそれぞれ保育観などの違いがあります。
- 違いを受け止められるかどうかは、子どもも保育者も同じです。

プラスに　伝わらない理由

● **保育者の主観**

先述したように子どもの行動について「気になる」のは、保育者の主観です。つまり、気になる行動は、保育者によって違いがあります。気になる子への適切な保育を考える際には、この違いをお互いに受け入れられる関係性が必要になります。

それは、それぞれの保育観や子ども観から生じている違いです。まずは、この違いがあって当然、という認識にたつことからはじめる必要があります。

プラスに伝わる言葉

「○○という行動が気になっています」

なぜ、こうなる？

- その子が困っているかどうかが大切です。
- その子を中心とした広い視野で捉えましょう。

プラスに 伝わる理由

◉ 子どもを主体に多面的に捉える

　ここで大切なのは、「その子が困っているか否か」であり、保育者が「気になる」「気にならない」という基準で考えるのではありません。その保育者が（その子が）困っていると感じているのであれば、小さなことでも話し合うべきなのです。

　たとえば、「気になる子が友だちをよく叩く」という姿があったとします。この場合、「乱暴な子」「言葉で伝えるのが苦手な子」「（叩くことで）周囲の注目を集めたい子」など、保育者によって捉え方は異なります。子どもの行動を多面的に捉え、広い視野に立った対応を検討することが大切です。

プラスに伝わらない言葉 「1人で抱え込まないでって言ってるのに」

なぜ、こうなる？

- 急に"抱え込んだ"わけではなく、理由や経緯があるはずです。
- これまでの助言を振り返ってみましょう。

プラスに伝わらない理由

●具体的な対応法が必要

　この言葉は、比較的園長や主任といった管理職に多いようです。管理職は、労をねぎらう意味で使っている言葉でもあります。管理職が、保育者が1人で悩み苦しんでいる姿を心配するあまり口から出た言葉なのだと思います。
　しかし、なぜその保育者は管理職がこれまで伝えているにもかかわらず、また抱え込んだのでしょうか？　「相談しても結局何もしてくれなかった」、あるいは「抽象的な手立てしか教えてもらえなかった」というこれまでの"経緯"があるのかもしれません。

「できるところから一緒に考えていきましょう」

なぜ、こうなる？

- 具体的な対応を一緒に考える体制です。
- 実際に取り組めるかかわり方が期待できます。

プラスに 伝わる理由

●園全体でバックアップ

　気になる子へのかかわりは、担任（担当）保育者だけではありません。管理職や同僚保育者もかかわります。しかし、クラス単位での活動が多い園においては、現実的には当該保育者が担う支援は多いです。そのような園は、以下の2点を踏まえて検討しましょう。

　① 具体的なかかわり方を検討する
　② （当該保育者が）できそうなかかわり方を検討する

仮に「効果が期待できるかかわり方」があっても、実践する保育者が「できないかも…」と思っているのであれば、そのかかわり方は避けたほうがいいでしょう。

> プラスに伝わらない言葉

「(アオバくんは) 発達障害ですよね?」

なぜ、こうなる?

- 巡回相談の意義をもう一度確認しましょう。
- 支援や手立てには園生活の姿も盛り込んで検討しましょう。

プラスに　伝わらない理由

● 巡回相談の意味を確認する

　客観的に見てみると、アオバくんには発達障害のある子が示す行動が多く見られるかもしれません。しかし、発達支援の場は、巡回相談員に気になる子が発達障害なのかどうかについて確かめる場ではありません。あくまでもアオバくんにとってよりよい支援を検討する場として活用する必要があります。

「どうしたら、アオバくんが過ごしやすい環境になるでしょうか」

なぜ、こうなる？

- 巡回相談は答えを得るだけの場ではなく、話し合いの場です。
- 保育者と子どもの関係を良好にする場でもあります。

プラスに　伝わる理由

● 障害の有無よりも大切なこと

　もしアオバくんに発達障害があるとわかると、コノミ先生はアオバくんへの支援内容が考えやすくなるでしょう。また、巡回相談員に具体的な支援内容を教えてもらいやすくなるかもしれません。この意味でコノミ先生にとっては大切な時間だと思います。

　しかし、この場における話の中心はあくまでもアオバくんです。発達障害があってもなくても、アオバくんの性格や友だち関係を考慮しながら支援内容を考えていきましょう。

> プラスに伝わらない言葉
「リンちゃんの親に説明をしてください」

なぜ、こうなる?

- 「専門家に丸投げ」しないようにしましょう。
- 面識がない専門家と話をすることになる保護者の気持ちを考えましょう。

プラスに 伝わらない理由

◉ 巡回相談員との連携

　これまで気になる子の姿をわかってもらおうと保護者に必死に説明をしてきたのだと思います。気になる子の保護者に子どもの姿が正確に伝わらないことも事実であり、困っている保育者は少なくありません。たしかに巡回相談員に頼りたくなる気持ちもわかります。
　しかし、保育者との話し合いを飛ばしていきなり巡回相談員と直接話をすることになる保護者の気持ちはどうでしょう。困惑すると思います。この後の保護者との関係を考えるとやはり得策ではなさそうです。

「お母さんに適切に伝わる内容を一緒に考えたいのですが」

なぜ、こうなる？

- 連携しながら、気になる子を支援する検討の場としましょう。

プラスに　伝わる理由

● 気になる子のサポートを第一に

巡回相談の場を有効に活用するためには、「専門家の意見を聞いてみましょう」「一緒に聞いて、○○君の生活に活用したいと思います」など、あくまでも気になる子の充実した生活や環境を整えることを第一の目的とします。さらに、子どもに対して保護者が今どのような気持ちでいるのかを考えることが大切です。保護者に伝える内容は「保護者－子ども」の関係性によっても変わってきます。このあたりを丁寧に確認するとさらに充実した時間になります。

> プラスに伝わらない言葉

「……（専門用語でわからない）」

なぜ、こうなる？

- 保育の専門職として理解できるまで質問をしましょう。
- 有効・有用な相談の場として活用しましょう。

プラスに　伝わらない理由

● 保育の専門職として理解する

　先にも述べたように、巡回相談員はそれぞれ専門とする領域があります。社会福祉学、心理学、教育学などが挙げられますが、それぞれの領域の中で通じ合えるある意味「共通言語」のようなものがあります。この共通言語は、その中では一般的に使われている言葉のため、つい保育者に対しても使ってしまうことがあります。
　巡回相談員との話し合いは、子どもの話をする建設的な場です。「恥ずかしくて聞き返せない…」「あとで調べればいいか」ではなく、わからないことは質問をして有効・有用な場となるよう心がけましょう。

プラスに伝わる言葉
「今の言葉はどのような意味でしょうか？」

> なぜ、こうなる？

- 保育者からの質問は巡回相談員にとっても大切です。
- わかりやすい言葉を使うことは、保育者にも巡回相談員にも求められることです。

プラスに 伝わる理由

● 保護者に説明できるように

専門用語の意味を質問するメリットは、疑問を先延ばしにしないだけではありません。巡回相談員にとってもメリットがあります。それは、普段使用している言葉が一般的ではないことがわかるからです。他の園でもわからない保育者がいることは容易に想像ができますので、質問をされた巡回相談員は「今後、この言葉を使う時は他の表現にしよう」と心がけるはずです。また、保育者がわからない言葉であれば、保護者もわからないはずです。保育者が説明する側になることも考えて、わからないところは質問し、理解を深めましょう。

COLUMN

保育者の共通認識のポイント

　これまで述べたように、気になる子を多面的に捉える必要があります。そのためには、多様な視点が不可欠で、園内の情報共有が必要となります。
　そこで、保育者同士で共通認識をする際のポイントを整理しましょう。

①優先順位を決めて伝える

　担任（担当）保育者は、気になる子に対して「あれも気になる、これも気になる…」といったように気になることが複数あります。そのため、共有する段階で収集がつかなくなり、その結果、話し合いがまとまらなくなるケースが少なくありません。そこであらかじめ優先順位を決めておきましょう。
　たとえば、「集まっている時に、急に保育室から飛び出してしまう。追えないことが多いので、○○くんを見つけたら○○くんと声をかけてください」などと伝えておきます。そうすることで、お願いをされた保育者も自分のすべきことがわかり、カバーしやすくなります。

②日常的に子どもの様子を伝え合う

　「今日、○○くん、うちのクラスの子と遊んでいたよ」と担任（担当）保育者が気づかない情報があるかもしれません。担任（担当）保育者が1人ですべての子どもの詳細を見るのには、限界があります。「職員会議」などのオフィシャルな場だけではなく、普段の何気ない会話も大切にしましょう。

③支え合う集団に

　気になる子へのかかわりは、定型発達児とは違うコツがあります。そのため、つらく、疲れてしまうことがあります。簡単にすすむわけではありません。多くの場合、"トライ＆エラー"という姿勢が求められます。"トライ＆エラー"には、うまくいったら認め合う保育者、あるいはがんばれるように励まし合う保育者の存在が不可欠です。

著者紹介

著者

守 巧 （もり たくみ）

　聖学院大学大学院人間福祉学研究科修士課程修了。東京都内で幼稚園教諭として10年間勤務する。現在、こども教育宝仙大学こども教育学部幼児教育学科准教授。特別支援教育士。狭山市就学支援委員会委員・狭山市巡回相談員。公益財団法人幼少年教育研究所「「気になる」子どもの保育研究部会」会長。一般社団法人こどものそら「気になる子支援士」代表講師。主な著書に『気になる子とともに育つクラス運営・保育のポイント』『マンガでわかる　気になる子の保育』（中央法規）、『保育内容　環境　あなたならどうしますか？』『演習　保育内容総論　あなたならどうしますか？』（萌文書林）など多数。

イラスト

にしかわたく

　マンガ家・イラストレーター。大学在学中に『月刊アフタヌーン』で商業誌デビュー。主な作品に『法廷ライターまーこは見た！　漫画裁判傍聴記』『母親やめてもいいですか』（かもがわ出版）、『マンガでわかる心理学入門』（池田書店）、『マンガでわかる　気になる子の保育』（中央法規）など多数。

気になる子の保育
「伝わる言葉」「伝わらない言葉」
保育者が身につけたい配慮とコミュニケーション

2018年10月20日 初版発行
2024年 9月20日 初版第5刷発行

著　者　　　　　守　巧
イラスト　　　　にしかわたく
発行者　　　　　荘村明彦
発行所　　　　　中央法規出版株式会社
　　　　　〒110-0016　東京都台東区台東 3-29-1　中央法規ビル
　　　　　Tel 03 (6387) 3196
　　　　　https://www.chuohoki.co.jp/

印刷・製本　　　　　株式会社ルナテック
装幀・本文デザイン　鈴木大輔・仲條世菜（ソウルデザイン）

定価はカバーに表示してあります。
ISBN978-4-8058-5753-3

本書のコピー、スキャン、デジタル化等の無断複製は、著作権法上での例外を除き禁じられています。また、本書を代行業者等の第三者に依頼してコピー、スキャン、デジタル化することは、たとえ個人や家庭内での利用であっても著作権法違反です。

落丁本・乱丁本はお取替えいたします。

本書の内容に関するご質問については、下記 URL から「お問い合わせフォーム」にご入力いただきますようお願いいたします。
https://www.chuohoki.co.jp/contact/